AF497485

LA RELIGION

CHRETIENNE.

LA RELIGION CHRÉTIENNE

DÉMONTRÉE

PAR LA CONVERSION

ET L'APOSTOLAT

DE SAINT PAUL.

Ouvrage Traduit de l'Anglois de Milord GEORGE LYTTELTON.

AVEC

Deux Diſcours ſur l'Excellence Intrinſeque de l'Ecriture Sainte, traduits de l'Anglois de M. JEREMIE SEED.

A PARIS,

Chez N. TILLIARD, Libraire, Quai des Auguſtins, à Saint Benoît.

M. DCC. LIV.

Avec Approbotion & Privilége du Roi.

PRE'FACE.

LE Traité dont on donne ici la traduction au Public, parut il y a quelques années en Angleterre, sous le titre d'Observations sur la Conversion & l'Apostolat de Saint Paul. Ce titre nous ayant paru un peu vague, nous avons pris la liberté de le changer, pour lui en substituer un qui annonce plus clairement le dessein & le but de cet Ouvrage. L'Auteur, Mylord Lyttelton, le com-

poſa, comme on le verra dans la ſuite, à l'occaſion d'un entretien qu'il eut ſur la Religion avec le célebre M. Gilbert Weſt, à qui il l'adreſſa en forme de Lettre.

Ces deux Sçavans connus en Angleterre par leur rang & par leur mérite, firent longtems profeſſion de Déiſme & d'incrédulité. Ils étudierent enfin la Religion avec un deſir ſincere de s'inſtruire, & avec l'application & le ſoin que demande une affaire de cette importance. Ils éprouverent bien-tôt l'un & l'autre ce qu'ils ont ſouvent répeté depuis: Que tout honnête-homme, qui l'étudie ſérieuſement, & dans les diſpoſitions convenables, ne tarde gueres à reconnoître le foible des objections qu'on fait contre elle, & la ſolidité des preuves ſur leſquelles elle eſt établie. La lumiere brilla à leurs yeux, les nuages du préjugé ſe diſſiperent ; & le fruit de leurs travaux & de la droiture de leur cœur, fut de croire la vérité qu'ils avoient eu le malheur de méconnoître.

Mais ils ne se sont pas con-tentés d'avoir connu la vérité, après l'avoir si long-tems com-battue ; ils ont regardé comme un de leurs devoirs d'en pren-dre hautement la défense. M. Werst *l'a fait dans ses Obser-vations sur l'histoire & sur les preuves de la Résurrection ; Ouvrage solide & profond, rempli de sçavantes recher-ches, & d'une excellente criti-que, dont quatre éditions faites à Londres coup sur coup ont assez annoncé le mérite.* My-lord Lyttelton *le fait dans ce*

Traité, qui sans avoir l'étendue de celui de M. Werst, est très-propre à convaincre les Incrédules, & à confirmer dans la Foi les Chrétiens dociles. L'évidence s'y fait toucher au doigt : point de raisonnemens abstraits ; tout y est clair, précis & méthodique. On y trouve exposée dans toute sa force une preuve de la Religion, qui n'avoit point encore été développée, du moins avec quelqu'étendue, & qui méritoit pourtant bien de l'être : car nous pouvons dire hardiment avec notre Auteur, que la Conversion & l'Apoſtolat de Saint Paul forment une démonſtration de la vérité du Chriſtianiſme, à laquelle tout eſprit raiſonnable doit céder.

Nous avons crû devoir ajoûter au Traité de Mylord Lyttelton la traduction de deux Diſcours ſur l'Excellence Intrinſeque des Saintes Ecritures, tirée des Sermons de M. Seed ; ils nous ont paru avoir rapport à notre ſujet principal, qui ſuppoſe la vérité de l'Ecriture.

Je ne dirai rien de la Traduction, ſinon que j'ai tâché
de rendre fidellement le ſens
autant qu'il a été poſſible à raiſon de la matiere. Puiſſe mon
travail être de quelqu'utilité à
ceux qui cherchent la vérité
dans la ſincérité de leur cœur !
J'en aurai du moins retiré
l'avantage d'y avoir conçu de
nouveaux ſentimens de vénéra-
tion pour les Dogmes ſublimes
du Chriſtianiſme, & pour ſa
Sainte morale ; & d'avoir mis
quelques parties de mon tems à
une étude, à laquelle je ſou-

haiterois le pouvoir consacrer tout entier, & que je regarde comme la seule véritablement digne de l'homme, je veux dire, l'étude de la Religion.

LA

LA RELIGION

CHRÉTIENNE

DÉMONTRÉE

PAR LA CONVERSION

ET L'APOSTOLAT

DE SAINT PAUL.

 A N s notre dernier en- Objet de cette dissertation. tretien sur la Religion Chrétienne, j'avançai, Monsieur, qu'outre les preuves qu'on peut tirer en sa faveur des Prophéties de l'Ancien Testament, de la connexion nécessai-

A

re qu'elle a avec tout le fyftême
de la Religion Judaïque, des
miracles de Jefus-Chrift, & de
la vérité inconteftable du témoignage que tous les Apôtres ont
rendu de fa réfurrection, la Converfion & l'Apoftolat de S. Paul
confiderés avec l'attention con-
venable, fuffifoient feuls pour
établir la divinité du Chriftianifme. Une démonftration auffi fimple de la Religion Chrétienne,
vous ayant paru propre à convaincre ceux des Incrédules que
rebuteroit une plus longue fuite
de raifonnemens, j'ai tâché de
raffembler ici, & de préfenter
fous un même point de vûe les
preuves de cette propofition.

Dans le 26. Chapitre des Actes des Apôtres, ouvrage écrit par un Auteur contemporain & compagnon de S. Paul dans la prédication de l'Evangile, (comme il paroît par ce Livre même,) il est rapporté que S. Paul raconta au Roi Agrippa & à Festus Gouverneur Romain l'Histoire de sa Conversion en ces termes. » La maniere dont j'ai vécu dans » Jérusalem parmi ceux de ma » nation depuis ma jeunesse, est » connue de tous les Juifs : s'ils » veulent rendre témoignage à » la vérité, ils sçavent que dans » mes premieres années j'ai été » de la Secte des Pharisiens, » la plus approuvée de notre Re-

Histoire de la Conversion de Saint Paul & sa vocation à l'Apostolat.

» ligion; & si je suis obligé de
» paroître devant les Juges, c'est
» à cause de l'espérance que j'ai
» en la promesse que Dieu a faite
» à nos Peres, & dont nos douze
» Tribus attendent l'effet, ser-
» vant Dieu nuit & jour. C'est à
» cause de cette espérance, ô
» Roi Agrippa, que je suis ac-
» cusé par les Juifs. Vous sem-
» ble-t'il donc incroyable que
» Dieu ressuscite les morts ? Pour
» moi, j'avois cru d'abord qu'il n'y
» avoit rien que je ne dûsse faire
» contre le nom de Jesus de Na-
» zareth. Et c'est ce que j'ai fait
» dans Jérusalem, où j'ai mis en
» prison plusieurs des Saints, en
» ayant reçu le pouvoir des Prin-

» ces des Prêtres ; & lorfqu'on
» les faifoit mourir, j'y ai donné
» mon confentement. Je les tour-
» mentois dans toutes les Syna-
» gogues, & je les contraignois
» de blafphêmer ; & ma fureur
» s'augmentant contre eux juf-
» qu'à l'excès, je les perfécutois
» jufques dans les Villes étran-
» geres. Un jour donc que j'al-
» lois à Damas dans ce deffein ,
» avec un pouvoir & une com-
» miffion des Princes des Prê-
» tres, lorfque j'étois en chemin ,
» ô Roi, je vis en plein midi bril-
» ler du ciel une lumiere plus écla-
» tante que celle du Soleil, qui
» m'environna & tous ceux qui
» m'accompagnoient. Et étant

» tous tombés par terre, j'en-
» tendis une voix qui me disoit
» en langue Hébraïque : Saul,
» Saul, pourquoi me persécutez-
» vous ? Il vous est dur de regim-
» ber contre l'aiguillon. Je dis
» alors : qui êtes vous, Seigneur ?
» & le Seigneur me dit : je suis
» ce Jesus que vous persécutez ;
» mais levez-vous, & tenez-vous
» debout : car je vous ai apparu,
» afin de vous établir Ministre &
» témoin des choses que vous
» avez vues, & de celles que vous
» verrez quand je vous apparoî-
» trai ; & je vous délivrerai de ce
» Peuple & des Gentils auxquels
» je vous envoie maintenant,
» pour leur ouvrir les yeux, afin

» qu'ils se convertissent des téné-
» bres à la lumiere & de la puis-
» sance de Satan à Dieu, & que
» par la foi qu'ils auront en moi,
» ils reçoivent la rémission de
» leurs péchés, & qu'ils ayent part
» à l'héritage des Saints. Je ne ré-
» sistai donc point, ô Roi Agrip-
» pa à la vision céleste ; mais j'ai
» annoncé d'abord à ceux de Da-
» mas & ensuite dans Jérusalem,
» dans toute la Judée & aux Gen-
» tils, qu'ils fissent pénitence, &
» qu'ils se convertissent à Dieu en
» faisant de dignes œuvres de pé-
» nitence. Voilà le sujet pour le-
» quel les Juifs s'étant saisis de
» moi dans le Temple, ont vou-
» lu me tuer. Mais aidé du se-

» cours de Dieu, je ſubſiſte juſ-
» qu'à ce jour, rendant témoi-
» gnage aux petits & aux grands,
» & ne diſant autre choſe que ce
» que les Prophêtes & Moyſe ont
» prédit devoir arriver; que le
» Chriſt ſouffriroit, qu'il ſeroit
» le premier qui reſſuſciteroit
» d'entre les morts, & qu'il an-
» nonceroit la lumiere au Peuple
» & aux Gentils. Lorſqu'il parloit
» ainſi pour ſa défenſe, Feſtus
» s'écria, Paul, vous êtes inſenſé,
» votre grand ſçavoir vous fait
» perdre le ſens. Paul lui répon-
» dit : je ne ſuis point inſenſé,
» très-excellent Feſtus ; mais ce
» que je viens de dire eſt plein
» de vérité & de bon ſens. Le

» Roi eſt bien informé de ces
» choſes, & je parle devant lui
» avec d'autant plus de liberté,
» que je ſais qu'il n'ignore rien
» de ce que je dis, parce que ce
» ne ſont pas des choſes qui ſe
» ſoient paſſées en ſecret. O Roi
» Agrippa, croyez vous aux
» Prophêtes? Je ſais que vous
» y croyez. Alors Agrippa dit à
» Paul : peu s'en faut que vous
» ne me perſuadiez d'être Chré-
» tien. Paul lui repartit : plût à
» Dieu que non ſeulement il ne
» s'en fallût guere, mais qu'il ne
» s'en fallût rien du tout, que vous
» & tous ceux qui mécoutent
» préſentement, devinſſiez tels
» que je ſuis, à la réſerve de ces
» liens! «

(a) C. 22. Dans un autre Chapitre (a) du même Livre, il rapporte aux Juifs la même Hiſtoire en abrégé, y ajoutant ſeulement ces circonſ-tances : » Que ferai-je, Seigneur ? » Et le Seigneur me dit, levez- » vous & allez à Damas, & on » vous dira là tout ce qu'il faut » que vous faſſiez. Et comme le » grand éclat de cette lumiere » m'avoit ôté la vûe, ceux qui » étoient avec moi me prirent » par la main & me menerent à » Damas. Or il y avoit à Damas » un homme pieux ſelon la Loi, » nommé Ananie, à la vertu du- » quel tous les Juifs qui y demeu- » roient rendoient témoignage. » Il me vint trouver, & s'ap-

» prochant de moi il me dit :
» mon frere Saul , recevez la lu-
» miere , & au même inftant je
» le vis. Il me dit enfuite : le
» Dieu de nos peres vous a pré-
» deftiné pour connoître fa vo-
» lonté ; pour voir le jufte &
» pour entendre les paroles de fa
» bouche. Car vous lui rendrez
» témoignage devant tous les
» hommes de ce que vous avez
» vû & entendu. Qu'attendez-
» vous donc ? Levez-vous & re-
» cevez le Baptême, & lavez vos
» péchés en invoquant le Sei-
» gneur. «

Et dans le neuviéme Chapitre, l'Auteur de ce Livre raconte le même fait avec quelques cir-

confſtances, dont il n'eſt point fait
mention dans ces deux endroits :
ſçavoir, *que Paul avoit eu une vi-*
ſion, où il avoit vû Ananias entrer
chez lui, & lui impoſer les mains
pour lui rendre la vûe, & que dès
qu'Ananias lui eut parlé, il lui
tomba des yeux comme des écailles.

Saint Paul parle de lui-même
d'une maniere conforme à ces
deux récits dans ſes Epitres aux
Egliſes qu'il établiſſoit, ouvrage dont on ne peut révoquer en
doute l'autenticité, ſans renverſer toutes les régles dont on ſe
ſert pour prouver & établir celle
de tous les autres écrits.

Il dit aux Galates ,, (a) je vous
,, aſſure, mes freres, que l'Evan-

(a) c. 1.

» gile que je vous ai prêché n'a
» rien de l'homme; car je ne l'ai
» point reçu ni appris d'aucun
» homme, mais par la révelation
» de Jesus-Christ. Car vous avez
» oui dire de quelle maniere j'ai
» vêcu autrefois dans le Judaïf-
» me; avec quel excès de fureur
» je perſécutois l'Egliſe de Dieu
» & je la ravageois, me figna-
» lant dans le Judaïfme au-deſ-
» ſus de pluſieurs de ma nation &
» de mon âge, & ayant un zéle
» démeſuré pour les traditions de
» nos peres. Mais lorſqu'il a plû à
» Dieu qui m'a choiſi particulie-
» rement dès le ventre de ma me-
» re, & qui m'a appellé par ſa
» grace, de me révéler ſon Fils,

» afin que je le prêchasse parmi
» les nations, je l'ai fait aussi-tôt
» sans prendre conseil de la chair
» ni du sang. «

Et aux Philippiens: (a) »Si quel-
» qu'un croit pouvoir se confier
» dans la chair, je le puis plus
» qu'un autre ayant été circon-
» cis au huitiéme jour, étant de
» la race d'Israël, de la Tribu de
» Benjamin, né Hébreu, de pe-
» res Hébreux : pour ce qui est
» de la maniere d'observer la
» Loi, ayant été Pharisien ; pour
» ce qui est du zéle du Judaïsme,
» en ayant jusqu'à persécuter l'E-
» glise ; & pour ce qui est de la
» justice de la Loi, ayant mené
» une vie irréprochable. Mais ce

(a) C. 3.

» qui étoit alors un gain pour
» moi, je l'ai regardé à cause de
» Jesus-Christ comme une perte;
» & j'estime que tout est une per-
» te au prix de l'excellence de la
» connoissance de Jesus – Christ
» mon Seigneur, pour lequel j'ai
» souffert la perte de toutes cho-
» ses, & je les ai regardées com-
» me du fumier, afin de gagner
» Jesus-Christ. «

Et dans la Iere. Epître à Timo-
» thée : Je rends graces à J. C.
» (a) notre Seigneur, qui m'a for-
» tifié, & m'a jugé fidele en m'éta-
» blissant dans le ministere, moi
» qui étois avant cela un blasphé-
» mateur, un persécuteur, un en-
» nemi outrageant ; mais j'ai ob-

(a) C. 1.

» tenu miféricorde, parce que
» j'ai fait tous ces maux étant
» dans l'ignorance & dans l'in-
» crédulité. «

Dans les autres Epitres il s'appelle lui-même Apôtre par la volonté de Dieu, par le commandement de Dieu notre Sauveur & Seigneur Jefus-Chrift, *Apôtre, non de la part des hommes ni par un homme, mais par J. C. & par Dieu le Pere qui l'a reffufcité d'entre les morts* : expreffions qui fignifient une vocation particuliere qui le fit Apôtre. Et dans l'Epitre aux Corinthiens, après avoir fait l'énumération de plufieurs apparitions de Jefus-Chrift depuis fa réfurrection, ajoute, qu'il lui étoit auſſi apparu comme à un avorton.

Or un homme qui rapporte de lui-même des faits de cette natu-re , & qui les rapporte d'une ma-niere ſi formelle & ſi circonſtan-ciée , doit néceſſairement avoir été ou un impoſteur , qui dans l'intention de tromper avançoit comme vrais des faits dont il connoiſſoit la fauſſeté ; ou un viſionnaire , un enthouſiaſte , qui par la force d'une imagination échauffée ſe faiſoit illuſion à lui-même , ou avoit été trompé par d'autres ; & tout ce qu'il avance n'eſt qu'une ſuite de cette ſéduc-tion ; ou enfin ce qu'il déclaroit avoir été la cauſe de ſa Conver-

B

fion eſt réellement arrivé , & par conféquent la Religion Chrétienne eſt de révelation divine.

I.
Saint Paul n'a point été un impoſteur.

Qu'il n'ait point été un impoſteur , qui dans l'intention de tromper ait avancé comme vrais des faits qu'il ſçavoit être faux , je l'aurai démontré , ſi je prouve qu'il n'avoit point de motif raiſonnable de ſoutenir une telle impoſture, & que ſi c'en eût été une, il n'auroit pu la répandre & l'établir avec le ſuccès qu'il a eu, par les moyens que nous ſçavons qu'il a employés.

II.
Il n'avoit aucun motif de l'étre.
Il ne pouvoit avoir en-

Premierement le motif qui l'auroit porté à avancer une pareille impoſture, n'auroit pu être

que l'efpérance d'augmenter par là fes biens, fon crédit, fon pouvoir; ou le défir de fatisfaire quelque paffion à la faveur même de cette impofture, & par les moyens que le fuccès lui en auroit fournis. Or en quelles circonftances Saint Paul déclara-t'il fa Converfion à la Foi de Jefus-Chrift? Dans le tems que ce Jefus qui s'étoit dit le Meffie & le Fils de Dieu, malgré l'innocence & la fainteté de fa vie, malgré les miracles qu'il avoit opérés pour prouver fa miffion, venoit d'être crucifié comme un impofteur & un blafphémateur; & qu'humainement parlant, fon fupplice devoit avoir fait perdre à tous fes

Difciples l'envie de le fuivre ou d'embraſſer ſa Doctrine, & con-firmer les Juifs dans l'opinion où ils étoient, qu'il ne pouvoit être le Meſſie qui leur avoit été pro-mis, & qui ſelon leurs préjugés loin de ſouffrir, devoit régner & triompher à jamais ſur la terre. Il eſt vrai que ſes Apôtres qui avoient paru d'abord intimidés par la mort de leur Maître, & perdre toute eſpérance, avoient repris courage, & qu'ils enſei-gnoient publiquement en ſon nom, déclarant qu'il étoit reſ-fuſcité, & confirmant ce miracle par ceux qu'ils opéroient ou qu'ils prétendoient opérer eux-mêmes. Mais les Princes des Prêtres &

les Magiſtrats parmi les Juifs
étoient ſi éloignés de ſe rendre à
leurs diſcours, & à leurs miracles, qu'ils commencerent dès-
lors contre eux une cruelle perſécution, mettant les uns à mort,
empriſonnant les autres, & pour-
ſuivant avec une fureur implacable tous ceux qui embraſſoient
leur doctrine. Saint Paul lui-même qui étoit Phariſien, & qui
avoit été élevé aux pieds de Ga-
maliel l'un des premiers de cette
Secte, avoit eu part aux violen-
ces que les Juifs exercerent contre les premiers Chrétiens ; &
dans l'excès de ſon zele, non
content de perſécuter les Fideles
de Jéruſalem, & ne reſpirant que

les menaces & que le sang contre les Disciples du Seigneur, il
avoit été demander au grand
Prêtre des lettres pour les Sy-
nagogues de Damas, afin d'en
ramener prisonniers à Jérusalem
tous ceux qu'il y trouveroit de
cette Secte, hommes ou femmes.
On le lui avoit accordé, & c'é-
toit avec ce pouvoir & cette
commission du grand Prêtre qu'il
s'en alloit à Damas. Voilà en quel
tems & en quelles circonstances
il se fit Disciple de Jesus-Christ.
Or quels motifs purent l'engager
à prendre ce parti ? Etoit-ce l'envie de s'enrichir ? Mais il ne
pouvoit manquer de perdre par
cette démarche & tous ses biens,

& jufqu'à l'efpérance d'en pouvoir acquerir d'autres. Ceux qu'il quittoit étoient les difpenfateurs des richeffes, des dignités, des charges dans la Judée ; ceux dont il embraffoit le parti étoient des gens pauvres, opprimés, qui n'avoient aucun moyen d'avancer leur fortune. Quelques-uns d'entr'eux plus aifés que les autres, partageoient leur bien avec leurs freres ; mais même avec ce fecours leur Société manquoit fouvent du néceffaire ; & dans les Eglifes qu'il établit enfuite, & qui étoient plus riches que celles de Jérufalem, il étoit fi éloigné de tirer parti pour lui-même de leur charité & de la vé-

nération que ces nouveaux Fideles avoient pour lui, qu'il refu-
foit fouvent de recevoir d'eux de
quoi fe procurer les néceffités de
la vie.

Voici comme il s'en explique
dans la premiere Epitre aux Corinthiens : » nous fouffrons la faim
» & la foif, nous fommes nuds,
» & nous n'avons pas de demeu-
» re fixe, & nous vivons du tra-
» vail de nos mains. «

Et dans la feconde aux Corinthiens Chapitre 12 : » Voici la
» troifiéme fois que je me prépa-
» re à aller vous voir, & ce fera
» encore fans vous être à charge,
» car c'eft vous que je cherche,
» & non pas votrebien ; ce n'eft

pas

» pas aux enfans à amaſſer du
» bien pour leurs peres, mais aux
» peres à en amaſſer pour leurs
» enfans.

Il dit aux Theſſaloniciens :
» comme Dieu nous a choiſis ^I. Ep. c. 2.
» pour nous confier ſon Evan-
» gile, ainſi nous parlons, non
» pour plaire aux hommes, mais
» à Dieu qui ſonde les cœurs.
» Auſſi n'avons nous pas uſé
» de diſcours flateurs, comme
» vous le ſçavez, ni fait de notre
» miniſtere un commerce d'ava-
» rice, Dieu en eſt témoin. Nous
» n'avons pas non plus cherché
» notre gloire de la part des hom-
» mes, ni de vous, ni d'autres
» perſonnes, quoique nous puſ-

C

» fions vous être à charge com-
» me Apôtres de Jefus-Chrift.
» Car vous vous fouvenez , mes
» Freres, de nos travaux & de
» nos fatigues ; & comment nous
» avons prêché l'Evangile de
» Dieu , en travaillant jour &
» nuit , pour n'être à charge à
» aucun de vous.

Et dans fa feconde Epitre , il
fe rend le même témoignage de
défintéreffement. » Nous n'avons
» mangé gratuitement le pain de
» perfonne , mais nous avons
» travaillé jour & nuit avec peine
» & avec fatigue pour n'être à
» charge à aucun de vous.

Et en faifant fes adieux aux Fi-
-déles de l'Eglife d'Ephefe , aux-

quels il avoit prédit, qu'ils ne le reverroient plus, il se rend encore le même témoignage, & en appelle à eux de la vérité de ce qu'il avance. » Je n'ai désiré de » personne ni argent, ni or, ni » vêtement. Vous sçavez que mes » mains ont fourni à mes besoins » & à ceux des personnes qui » sont avec moi. « L'état où se trouvoit l'Eglise, quand Saint Paul y entra, & la conduite qu'il y tint dans la suite, prouve donc évidemment, qu'en embrassant le Christianisme, son objet n'avoit point été de s'enrichir; au contraire en continuant de persécuter les Fidéles, il avoit des espérances presque certaines d'avancer sa fortune, par la faveur de ceux qui étoient à la tête de la République des Juifs, auprès desquels il ne pouvoit avoir de meilleure recommandation que le zéle qu'il avoit montré contre la Religion de Jesus-Christ.

Ni le crédit.

Le crédit & la réputation n'ont point été non plus l'objet qu'il eut en vûe en se faisant Disciple de Jesus-Christ. Car cette nouvelle Secte qu'il embrassoit étoit universellement méprisée. Ses Chefs & ses Docteurs n'étoient que des hommes de la plus basse extraction, sans éducation, & qui n'avoient pour se faire valoir ni connoissances, ni talens humains. Les Dogmes qu'ils ensei-

gnoient étoient contraires à ceux
que professoient les Sages & les
Sçavans de leur nation. Leurs
mi racles étoient accusés de magie
& d'imposture. *L'Auteur même
& le Chef de leur Foi* avoit été
condamné comme un criminel,
& étoit mort en croix entre deux
Voleurs. Le Disciple de Gama-
liël pouvoit-il se persuader que
ce fût un moyen de s'attirer du
crédit ou de la considération,
que de devenir le Docteur d'une
Société de Pêcheurs? Pouvoit-
il se flatter que les Dogmes qu'il
enseigneroit lui fissent honneur
dans la Judée, ou dans le reste
du monde? Non sans doute : il
n'ignoroit pas que Jesus crucifié

qu'il prêchoit, étoit un scandale
pour les Juifs & une folie pour les
Gentils ; & il sentit dans la suite
par sa propre expérience à quels
mépris étoient exposés tous les
Prédicateurs d'un mystere si contraire aux goûts, aux passions,
aux plaisirs du monde & à l'orgueil de la raison humaine.
» Nous sommes, dit-il aux Co-
» rinthiens, comme le rebut du
» monde, mais nous ne nous
» décourageons pas pour cela,
» & ne rougissons pas de l'Evan-
» gile. « Le désir de la gloire,
l'ambition de se faire un nom n'é-
toient donc pas le motif qui lui fit
embrasser le Christianisme.

Ni l'auto-
torité.

Etoit-ce l'autorité, le pouvoir

qu'il ambitionnoit? L'autorité, furquoi? Sur un troupeau de brebis qu'on menoità la boucherie, & dont le Pafteur avoit été lui-même égorgé quelque tems auparavant? Tout le fruit qu'il pouvoit efpérer de cette autorité, n'étoit-ce pas d'être expofé plus qu'aucun autre au couteau qu'il avoit lui-même fi cruellement tiré contre eux? Avoit-il lieu d'attendre des Juifs plus de grace qu'ils n'en avoient fait à Jefus-Chrift? Leur fureur même ne devoit-elle pas être plus violente contre le déferteur de leur parti, que contre aucun des Apôtres? L'autorité fur une poignée d'hommes obfcurs & méprifés, méri-

toit-elle d'être achetée au **prix**
de tant de dangers ?

On pourra dire qu'il y a des
hommes ſi avides de dominer,
ne fût-ce que ſur des gens pauvres, qu'ils affronteroient pour
cela toute ſorte de périls. Voyons
donc quelle autorité Saint Paul
s'attribuoit ſur les Chrétiens. D'a-
bord aſpiroit-il à quelque préé-
minence ſur les autres Apôtres ?
Non ; il déclare lui-même qu'il
eſt le moindre d'entr'eux, & au-
deſſous du moindre de tous les
Saints. Dans les Egliſes même
qu'il avoit établies, il ne prétendoit à aucune primauté, à aucune
autorité ſur les autres Apôtres :
il ne vouloit être regardé que

comme le Miniſtre de la grace de Dieu, & le Prédicateur de l'E-vangile, & non comme le Chef d'une Secte. ›› Chacun de vous, ›› écrit-il au Corinthiens, dit : je ›› ſuis à Paul, & moi à Cephas, ›› & moi à J. C. Jeſus - Chriſt ›› eſt-il donc diviſé ? Eſt-ce Paul ›› qui a été crucifié pour vous ? ›› Avez-vous été baptiſés au nom ›› de Paul. ‹‹ Et dans un autre en-droit: ›› qu'eſt donc Paul & qu'eſt ›› Apollon, ſinon les Miniſtres ›› par qui vous avez cru, chacun ›› ſelon le don qu'il a reçu du Sei-›› gneur? Et ailleurs: Nous ne nous ›› prêchons pas nous-mêmes; mais ›› nous prêchons Jeſus notre Sei-›› gneur, & nous ne nous regar-

I. Ep. c. 1a

» dons que comme vos ſerviteurs
» en Jeſus-Chriſt. «

L'autorité qu'il exerçoit ſur les Fideles étoit toute ſpirituelle, & ſe bornoit à leur inſtruction & à leur édification : elle n'avoit rien de cette domination politique qui peut ſeule flater un impoſteur ; telle fut celle que s'acquirent & qu'exercerent à la faveur d'une prétendue révélation divine pluſieurs anciens Légiſlateurs, Minos, Radamanthe, Triptoleme, Lycurgue, Numa, Zaleucus, Zoroaſtre, Zamolxis, & Pythagore même, qui Légiſlateur & Philoſophe tout enſemble, ſuppoſoit comme les autres des miracles & des révélations.

pour rendre par-là ſes Loix plus reſpeƈtables. Telle fut encore dans les derniers tems la domination d'Odin chez les Goths, de Mahomet chez les Arabes, de Mango-copat chez les Peruviens, de la famille des Sofi chez les Perſans, & celle des Cheriffs chez les Maures. C'étoit auſſi à cette eſpece de domination qu'aſpiroient parmi les Juifs tant de faux Meſſies. L'autorité ſpirituelle n'étoit recherchée que comme le fondement d'un pouvoir temporel, par tous ces hommes qui ſe donnoient pour inſpirés du Ciel ; & par tous ceux qui, au rapport des Hiſtoriens, employerent le même artifice dans les différens siecles & dans les différens pays. Mais Saint Paul ne prétendoit rien changer au Gouvernement, il ne se mêloit point de ses Loix, il n'excitoit point de séditions. En un mot, il n'aspiroit à aucun pouvoir temporel. L'obéissance aux Magistrats, étoit la Doctrine qu'il enseignoit aux Eglises qu'il fondoit, & celle qu'il pratiquoit lui-même. Il n'usoit d'aucun des artifices qu'employoient les hommes ambitieux & intriguans pour se faire valoir auprès de ceux qu'ils veulent assujettir à leur autorité: tout ce qu'il trouvoit de répréhensible dans les Disciples confiés à ses soins, il le condamnoit

avec la liberté qui convient à un
Maître envoyé de Dieu ; liberté dont on trouve une infinité
d'exemples dans toutes ſes Epitres. Il ne s'intéreſſoit pas moins
à ces nouveaux Fideles , &
n'en prenoit pas moins de ſoin,
quand il en étoit éloigné , que
quand il réſidoit parmi eux : ce
que n'eût pas fait un impoſteur ,
qui auroit tout rapporté à lui-même. » Mes chers Freres , dit-il
» aux Philippiens, comme vous
» m'avez toujours été obéiſſans ,
» ayez ſoin, non-ſeulement lorſ-
» que je ſuis parmi vous, mais
» encore plus lorſque j'en ſuis ab-
» ſent, d'opérer votre ſalut avec
» crainte & tremblement ; « (&

un peu après, il ajoute le motif qui le portoit à s'intéreſſer ſi
fort à leur conduite,) « afin que
» vous ſoyez irrépréhenſibles &
» innocens, & qu'étant enfans
» de Dieu, vous viviez ſans ta-
» che au milieu d'une nation dé-
» pravée & corrompue, parmi la-
» quelle vous brillez comme des
» aſtres dans le monde, portant
» en vous la parole de vie, pour
» m'être un ſujet de gloire au
» jour de Jeſus-Chriſt, comme
» n'ayant pas couru en vain ni
» travaillé en vain. Mais quand
» même je devrois répandre
» mon ſang ſur la victime & le
» ſacrifice de votre foi, je m'en
» féliciterois & m'en réjouirois

avec vous tous. » Est-ce là comme parle un imposteur qui n'aspire qu'à un pouvoir temporel ? non : il n'y avoit qu'un homme, dont les vûes s'étendissent au de-là des bornes de cette vie, qui pût tenir ce langage.

Peut-être, dira-t'on, qu'il pouvoit du moins aspirer à un pouvoir spirituel sur les Eglises qu'il établissoit ; mais je répons, qu'il prêchoit Jesus-Christ, & qu'il ne se prêchoit pas lui-même. Il ne se disoit que le Ministre de Jesus-Christ : aussi n'appelle-t'il ceux qui l'aidoient dans la prédication de l'Evangile, que ses coopérateurs, ses conserviteurs ;

quoiqu'il eût reçu une éducation
plus honnête, qu'il fût plus éclairé, & qu'il eût plus d'usage du
monde que les autres Apôtres,
loin de se prévaloir de ces avantages pour s'attribuer quelque
supériorité sur eux, il les négli-
geoit ces avantages, & déclaroit qu'il n'étoit point venu avec
les discours élevés d'une éloquence & d'une sagesse mondaine,
faisant profession de ne sçavoir
autre chose parmi ceux qu'il convertissoit, que Jesus-Christ, &
Jesus-Christ crucifié. Et la raison
qu'il en donnoit c'étoit, dit-il,
afin que leur foi ne fût pas établie
sur la sagesse des hommes, mais
sur la puissance de Dieu : conduite

te qui ne lui permettoit pas de s'é-
lever au-deſſus des autres Apôtres, qui connoiſſoient J. C. auſſi
bien que lui, & qui comme lui
avoient reçu de Dieu le pouvoir
de prêcher l'Evangile. Un impoſteur, dont le but auroit été d'acquérir de l'autorité & du pouvoir, n'auroit-il pas fait tout le
contraire? Ne ſe ſeroit-il pas fait
valoir par tous ces avantages? Ne
les auroit-il pas vantés, exage-
rés & tâché, par là de devenir le
Chef de ſa Secte, ou du moins
des Proſelytes qu'il auroit faits
par lui-même. C'eſt ainſi qu'en
agirent tous les Philoſophes qui
formerent des Ecoles ; & il étoit
encore plus naturel qu'un hom-

D

me qui annonçoit une nouvelle
Religion fît de même.

Il ne tenoit qu'à lui de donner
aux Eglifes qu'il établiffoit une
conftitution qui favorifât fes
vûes ambitieufes, puifqu'il prêchoit l'Evangile en des parties
du monde, où aucun des autres
Apôtres n'avoit pénétré, & où
le nom de Jefus-Chrift n'étoit
pas connu; car il ne bâtiffoit pas
fur les fondemens des autres. Si
donc il n'eût été qu'un impofteur, fe feroit-il borné à prêcher
le même Evangile que les autres
Apôtres, pendant qu'il avoit
une liberté entiere d'enfeigner
ce qui lui auroit plû, fans craindre la moindre contradiction ?

N'auroit-il pas accommodé l'E-
vangile de Jesus – Christ à ses
vûes particulieres, à l'agrément
& à l'utilité de ses sectateurs, au
maintien & à l'augmentation de
son pouvoir ? C'est cependant ce
que ni S. Paul ni les autres Apôtres ne firent dans aucune des
contrées qu'ils parcoururent, &
des Eglises qui étoient absolument sous leur direction. Or que
lès Apôtres ayent prêché tous le
même Evangile & les mêmes
Dogmes, avec le même esprit de
désintéressement, cela seul est une
preuve convaincante qu'ils n'é-
toient pas des imposteurs, mais
qu'ils n'agissoient que par l'inspiration divine.

D ij

Au contraire il falloit sacrifier toutes sortes d'avantages, & s'exposer à toutes sortes sortes de maux.

Il est clair que Saint Paul n'avoit rien à gagner en embrassant la Religion de Jesus – Christ : voyons maintenant ce qu'il sacrifioit & ce qu'il avoit lieu de craindre. Il sacrifioit sa fortune, qu'il auroit pu avancer en restant dans la Religion Juive. Il sacrifioit cette réputation qu'il s'étoit faite par ses longs travaux, par ses études & par une conduite irréprochable dans la justice légale. Il sacrifioit ses amis, ses parens, sa famille à laquelle il s'arrachoit & devenoit étranger pour toute sa vie. Il sacrifioit enfin cette Religion, dans laquelle il s'étoit signalé au-dessus de tous ceux de son âge ; & les Tradi-

tions de ſes Peres pour leſquelles il avoit été zélé juſqu'à l'excès.
Combien ce ſacrifice ne devoit-il
pas coute: à un homme de ſon
caractere, & combien n'étoit-il
pas au-deſſus de l'homme dans un
Juif? On ſçait que c'étoit la nation du monde la plus attachée à
ſes idées de Religion, & que parmi eux la plus auſtere & la plus
orgueilleuſe Secte étoit celle des
Phariſiens, ſous la diſcipline deſ-
quels Saint Paul avoit été élevé.
Abandonner donc ſi ſubitement
des Dogmes ſi chers, renoncer
à l'orgueil de ces premiers Maîtres, & de leur Diſciple devenir
tout d'un coup leur ennemi; n'é-
toit-ce pas ce qui demandoit les

derniers efforts de la part d'un homme accoutumé dès l'enfance à les réverer ; & dont les premiers préjugés étoient fortifiés par tout le pouvoir de l'habitude, l'autorité de l'exemple, & les charmes de l'honneur & de l'intérêt.

Tels étoient les sacrifices qu'il falloit que Saint Paul fît pour embrasser la Religion Chrétienne : voyons maintenant ce qu'il avoit à craindre. Rien moins que la vengeance implacable de ceux qu'il abandonnoit, & le mépris le plus insoutenable ; je veux dire le mépris de ceux dont il avoit si ardemment recherché l'estime, enfin tous les maux dont il fait l'énumeration dans sa secon-

de Epître aux Corinthiens , Chapitre XI. & dont le moindre fuf-
firoit pour faire abandonner à un
impofteur le projet le plus avan-
tageux & le plus flateur. Donc
l'avantage qu'il pouvoit fe pro-
pofer n'ayant aucune proportion
avec les dangers qu'il couroit ,
ni avec les maux qu'il auroit à
fouffrir , il y auroit eu la plus
étrange extravagance à entrer
dans une pareille impofture , &
à y perféverer après s'y être une
fois engagé.

Il eft donc démontré que l'intérêt , la réputation , l'autorité
n'ont pu être les motifs qui ont
engagé Saint Paul à fe convertir
à la Foi Chrétienne ; & que tou-

tes ces vûes, ainſi que la juſte ap-
préhenſion de tant de maux inévitables, auroient dû l'empêcher de
prendre un parti ſi oppoſé à toute
ſa vie paſſée, à tous les principes
qu'il avoit reçus, à toutes les ha-
bitudes qu'il s'étoit faites. Voyons
donc maintenant ſi le déſir de ſa-
tifaire quelque paſſion à la faveur
de cette Religion & par les
moyens quelle pouvoit lui fournir, a pu la lui faire embraſſer.

Qu'il y ait eu des impoſteurs qui
ſe ſoient donnés pour inſpirés du
Ciel, dans le deſſein d'ouvrir
par là une libre carriere à leurs
paſſions déreglées, & de s'affran-
chir du joug du Gouvernement,
des Loix, & de la morale : c'eſt

une

une vérité que prouve également l'Hiftoire ancienne & moderne. Mais la Doctrine que prêchoit Saint Paul eft tout-à-fait contraire à de pareilles vûes. Ses maximes n'infpirent que les principes de la plus étroite morale, l'obéiffance aux Magiftrats, la retenue, l'horreur du déreglement, de l'oifiveté & de la débauche. Nous ne lifons point dans fes Ecrits que les Saints font au-deffus des régles de la morale, que les actions morales ne different point entr'elles ; que nous éprouvons divers mouvemens intérieurs qui nous portent inévitablement à agir contre la lumiere de la raifon, & contre les loix de la nature ; enfin aucun de ces dogmes dangereux à l'abri desquels nous avons vû des hommes prétendus inspirés troubler la paix de la Société, & enfreindre les regles des mœurs. Nous ne voyons dans toute la suite de sa vie, soit après, soit avant sa Conversion, aucun trait qui annonce un cœur déreglé & corrompu. Parmi les Juifs comme parmi les Chrétiens, sa conduite fut irréprochable. Ecoutons - le prendre les Thessaloniciens à témoin de la pureté de sa Doctrine & de l'innocence de sa vie. *Ep. 1. C. 2.* » Nous ne vous avons pas prê-» ché, leur dit-il, ni l'erreur, ni » l'impureté ; nous n'avons pas

» eu deſſein de vous tromper....
» Vous êtes témoins, & Dieu l'eſt
» auſſi, combien notre conduite
» a été ſainte, juſte & irrépréhen-
» ſible parmi vous qui avez crû. «
Et en parlant aux Corinthiens ;
» Nous n'avons, dit-il, offenſé
» perſonne, nous n'avons cor-
» rompu l'eſprit de perſonne,
» nous n'avons trompé perſonne. « Le déſir de ſatisfaire des paſſions déreglées, n'a donc point
porté Saint Paul à embraſſer la
Religion Chrétienne, non plus
que l'eſpérance de s'enrichir, ou
d'acquérir de la réputation & de
l'autorité.

On dira peut-être qu'encore
que S. Paul ne fût porté par au-

2 Ep. C 7.

Différence
entre S. Paul
& les pre-

miers réfor-
mateurs des
Peuples Sau-
vages.

cun motif de libertinage ou d'intérêt à inventer une imposture pareille, il a pû former le projet de soutenir & de répandre la Foi de Jesus-Christ, parce qu'il fut frappé de la pureté de sa morale, & ne se point faire de scrupule d'employer de pieux artifices pour accréditer une Religion, qui toute erronée & toute fausse qu'elle est dans ses Dogmes Théologiques & dans les faits sur lesquels elle est établie, pouvoit pourtant par ses préceptes moraux contribuer au bonheur du genre humain.

Il est vrai qu'il s'est trouvé parmi les Payens des hommes, qui dans la vûe de l'utilité publique

se sont donnés pour divinement
inspirés, & ont introduit & soute-
tenu comme vraies des Religions dont ils connoissoient la
fausseté. Mais outre que leur conduite étoit appuyée sur des principes rejettés par les Juifs, qui
considérant la vérité & non l'u-
tilité comme le fondement de la
Religion, avoient ces sortes d'artifices en horreur , & les ju-
geoient injurieux à Dieu, les circonstances où se trouvoient ces
Payens étoient toutes différentes
de celles où se trouvoit Saint
Paul.

Les premiers Réformateurs des
peuples Sauvages n'avoient point
d'autres moyens d'humaniser ces

barbares, & de les porter à fe
foumettre à l'ordre & aux Loix
du Gouvernement, que le refpect que pouvoit leur attirer cette
révélation prétendue. L'artifice
étoit donc également avanta-
geux, & à ceux qui étoient trompés, & à ceux qui les trompoient.
Dans tous les exemples qu'on
peut citer de gens de bien qui y
ont eu recours, on trouvera toujours qu'ils l'ont fait pour de bonnes vûes, & qu'ils étoient sûrs
qu'il n'en réfulteroit aucun mal.
Ainfi quand Lycurgue perfuadoit
aux Lacédemoniens, & Numa
aux Romains, que les Loix qu'ils
donnoient leur étoient infpirées,
à l'un par Apollon, & à l'autre par

Egerie; quand ils enseignoient à
leurs peuples d'ajouter foi aux
Oracles & aux Augures, ils ne
voyoient aucun mal temporel
que cette créance pût causer ou à
eux-mêmes, ou à leurs peuples.
Elle ne leur attiroit ni les persécutions, ni la haine du monde.
Mais quand Saint Paul entreprit
de prêcher l'Evangile, & de porter tous les hommes à embrasser
la Loi de Jesus-Christ, il étoit
persuadé qu'il alloit s'exposer à
tous les maux que l'homme peut
souffrir ici bas. Voilà ce que S.
Paul sçavoit, à quoi il s'attendoit
lui-même, & à quoi il avertis-
soit ses Disciples de s'attendre.
La seule consolation qu'il avoit

lui-même, & qu'il propofoit fouvent à ces nouveaux Chrétiens,
c'étoit que, s'ils fouffroient avec
Jefus-Chrift, ils feroient auffi
glorifiés avec lui, & qu'il étoit
bien affuré que les fouffrances de
la vie préfente n'ont point de
proportion avec cette gloire qu'il
fçavoit leur être deftinée. C'eft
ainfi qu'il en écrit aux Theffalo-
Ep. 2. C 1. niciens : » Nous nous glorifions
» en vous, dans les Eglifes de
» Dieu, à caufe de votre patien-
» ce & de votre foi dans toutes les
» perfécutions & les tribulations
» que vous endurez; ce qui eft une
» preuve manifefte du jufte juge-
» ment de Dieu, afin que vous
» foyez jugés dignes du Royaume

» de Dieu pour lequel vous souf-
» frez, voyant qu'il est juste de-
» vant Dieu qu'il afflige à leur
» tour ceux qui vous affligent;
» & qu'il vous donne à vous qui
» êtes dans l'affliction, du repos
» avec nous, lorsque le Seigneur
» Jesus se manifestera venant du
» ciel avec les Anges qui sont les
» Ministres de sa puissance. «

Et aux Corinthiens il dit : Ep. 1. C 15.
» Si nous n'avons d'espérance en
» Jesus-Christ que pour cette vie,
» nous sommes les plus miséra-
» bles de tous les hommes. « Les
mépris, les tourmens, les
morts cruelles que les Chrétiens eurent à souffrir alors, &
long - tems après, font assez

voir combien il avoit raifon de
leur tenir ce langage. Dans ces
circonftances profeffer la Religion Chrétienne, fans être inti-
mément convaincu de fa divinité, c'eût été affurément une infi-
gne extravagance. Mais ufer de
fupercherie & d'artifice pour la
faire embraffer à d'autres, n'eût-
ce pas été le trait le plus noir?
Un homme qui auroit pû expofer fes partifans à tant de malheurs, auroit-il confervé le moindre fentiment d'humanité & la
moindre étincelle de raifon, de
s'expofer lui-même à les parta-
ger tous ces malheurs, avec ceux
qu'ils auroit féduits, précifément
pour établir une Religion qu'il

auroit connue fauſſe, & qui n'auroit eu de frappant & de vrai que
ſa morale? C'eſt une trop extravagante abſurdité, & je ſuis trop
long-tems à réfuter une idée, qui
ſe détruit d'elle-même à la premiere réflexion.

A toutes ces raiſons que je
viens de rapporter, & qui démontrent que Saint Paul n'avoit
aucun motif raiſonnable d'embraſſer la Religion de Jeſus-
Chriſt, s'il n'eût été ſincérement
perſuadé de ſa vérité, j'en ajoute
encore une derniere; c'eſt qu'au
lieu qu'on pouvoit objeƈter aux
autres Apôtres, qu'ils avoient été
trop attachés à Jeſus-Chriſt pendant ſa vie, pour renoncer à ſa

Doctrine après sa mort , qu'ils
n'avoient que ce moyen de con—
ferver quelque crédit , en un mot
qu'ils étoient trop avancés pour
reculer ; on ne pouvoit dire de
Saint Paul rien de femblable. Ce
raifonnement , s'il a quelque force, prouveroit au contraire que S.
Paul devoit naturellement refter
Juif & ennemi de Jefus-Chrift.
Car fi les autres Apôtres étoient
engagés dans un parti , il ne l'é-
toit pas moins dans l'autre. Si le
refpect humain les empêchoit de
changer , il devoit faire bien plus
d'impreffion fur un homme , qui
ayant reçu une éducation plus
relevée , & étant d'une condition
au-deffus de la leur , avoit plus

de crédit à perdre, & devoit être
plus fenfible à cette forte de honte. La feule différence entr'eux
& lui étoit, que les autres Apôtres, en quittant leur Maître
après fa mort, échappoient par
là aux perfécutions ; au lieu que
Saint Paul en abandonnant les
Juifs, & embraffant la Croix de
Jefus-Chrift, couroit à une perte
certaine. On n'apperçoit donc
aucun motif raifonnable qui eût
pû porter Saint Paul à embraffer
la Religion de Jefus-Chrift, s'il
n'eût été convaincu de fa vérité ;
au contraire tout contribuoit à
l'en détourner. Donc homme
d'efprit & de bon fens comme il
étoit, il n'embraffa la Religion

Chrétienne que par une conviction intime de fa vérité, & par
conféquent il n'étoit pas un impofteur, qui foutint comme vrai
ce qu'il fçavoit être faux, dans
le deffein de tromper les autres.

Mais ne laiffons pas là deffus
l'ombre de doute ; & comme on
pourroit dire qu'il fe trouve des
gens affez capricieux & affez bi-
farres pour agir fans motif raifonnable, & qu'on ne fçait pas
fi Saint Paul n'étoit pas de ce caractere, montrons que quand il
auroit été affez dépourvu de fens
pour foutenir fans aucun intérêt
une impofture auffi dangereufe
pour lui-même & pour ceux qu'il
avoit féduits, il n'auroit pû y

réuſſir par les moyens qu'on ſçait qu'il a employés.

J'obſerve d'abord que ſi ſa Converſion & le perſonnage qu'il a joué en conſéquence, n'eût été qu'une impoſture, cette impoſture n'étoit pas de nature à pouvoir réuſſir par le moyen d'un ſeul homme. La foi qu'il profeſſa, & dont il devint l'Apôtre, n'étoit pas ſon ouvrage. Il n'en étoit ni l'Auteur ni l'Inventeur, & par conſéquent il n'en pouvoit imaginer les Dogmes. Il n'avoit eu aucune communication avec Jeſus-Chriſt avant ſa mort, ni de rapport avec les Apôtres après ſa mort, que comme leur perſécuteur. Ainſi dans le deſſein de

Obſtacles de la part des autres Apôtres & des Chrétiens.

prendre le caractere & les fonc-tions d'Apôtre , il étoit pour lui d'une néceffité abfolue d'a-voir une connoiffance exacte & précife de tous les faits contenus dans l'Evangile , dont plufieurs ne s'étoient paffés qu'entre Jefus & fes douze Apôtres , & d'autres plus fecretement encore ; de ma-niere qu'ils ne pouvoient être connus que de peu de perfonnes , n'ayant été publiés dans aucun Ecrit. Sans cette connoiffance exacte , il fe feroit rendu ridicule aux yeux de ceux qui prêchoient l'Evangile avec plus de connoif-fance que lui ; & comme leur té-moignage ne fe feroit point ac-cordé avec le fien dans les faits ,

&

& que leurs Dogmes & leurs interprétations de l'Ecriture auroient été souvent contraires aux siennes & à toutes les opinions des Juifs, dans lesquelles il avoit été nourri, ils lui auroient nécessairement fait perdre son crédit, ou il seroit venu à bout de ruiner le leur. Il est vrai que les Chrétiens qu'il persécutoit, pouvoient lui avoir donné quelques connoissances générales de ces matieres ; mais ces connoissances ne pouvoient être assez exactes, ni assez étendues pour un Apôtre, que la moindre erreur sur ces points auroit décrédité, & qui auroit perdu par-là toutes ses prétentions à cette inspiration divi-

ne, d'où dérivoit principalement l'autorité Apostolique.

*Impossibi-
lité de cette
intelligence.*

Il lui étoit donc impossible de
jouer ce personnage, sans être
d'intelligence au moins avec les
Apôtres; intelligence d'autant
plus nécessaire, que l'entreprise
de prêcher l'Evangile n'exigeoit
pas seulement une connoissance
exacte de tout ce qu'il contient,
mais encore un pouvoir appa-
rent d'opérer des miracles. Car
c'étoit ce pouvoir, que les Apôtres donnoient comme une preuve incontestable de leur Mission
& de la Doctrine qu'ils prêchoient. Il falloit donc qu'il ap-
prît d'eux de quels secrets ils se
servoient pour faire illusion aux

yeux, au cas que ce pouvoir ne
fût que pure supercherie. Mais
comment les auroit-il engagés à
l'admettre dans leur Société &
dans leur secret ? Etoit-ce en les
persécutant avec fureur eux &
leurs freres, comme nous voyons
qu'il fit au moment de sa Conversion ? Se seroient-ils hasardés de
confier à leur ennemi capital des
secrets , d'où dépendoient toutes leurs espérances & leur crédit ? Lui auroient-ils confié
& leurs vies , & l'honneur de
leur Secte., qu'ils préferoient à
leur vie ? Quelle confidence
plus déplacée ! Des hommes à
qui les plus rigoureuses persécutions n'avoient pas arraché un seul

mot qui pût les convaincre d'imposture, auroient tout avoué à leur persécuteur, dans l'espérance d'en faire un de leurs complices ? Non, c'est une chose qui ne leur étoit pas moins impossible, qu'à lui d'entrer dans leur imposture sans leur consentement & leur assistance.

Il faut donc convenir que jusqu'à ce qu'il allât à Damas, il n'avoit point eu de communication avec les Apôtres, qu'il n'agissoit point de concert avec eux, & qu'il n'avoit rien appris d'eux, que ce qu'ils enseignoient publiquement à tout le monde. Or dès qu'il il y fut arrivé, il alla dire aux Juifs à qui il apportoit

« de la part du grand Prêtre & de
» la Synagogue des Lettres contre
» les Chrétiens, qu'il avoit vû dans
» la route une grande lumiere qui
» venoit du Ciel, & qu'il avoit en-
» tendu Jesus-Christ lui faire des
» reproches de ce qu'il le persécu-
» toit, & lui ordonner d'entrer
» dans la Ville, & qu'on lui diroit
» ce qu'il falloit qu'il fît. Or com-
» ment justifier cette maniere de se
» déclarer converti à Jesus-Christ,
» qu'en supposant que tous ceux
» qui étoient avec lui quand il avoit
» eu cette prétendue vision, étoient
» du complot qu'il formoit ? Sans
» cela l'aventure qu'il racontoit
» n'auroit trouvé aucune créance
» dans les esprits, puisqu'elle n'au-

gnerent dans la route é-
toient en-
trés dans son.
complot.

roit pas manqué d'être désavouée
par ceux même, dont le témoignage étoit nécessaire pour en
établir la vérité. Mais peut-on
supposer que ces gens ayent voulu entrer dans ce complot ? C'é-
toient probablement des Officiers de Justice, ou des Soldats,
qui avoient été souvent employés
auparavant à l'exécution des ordres du grand Prêtre & des Magistrats contre les Chrétiens : ou
s'ils avoient été choisis exprès
pour cette expédition, c'étoit
sans doute des gens sur le zéle
desquels on avoit lieu de compter. Quelle raison auroit donc pû
les porter à prévariquer dans la
commission dont ils étoient char-

gés ? Voit-on qu'avant ce tems-là ils ayent eu quelque rapport avec celui pour qui ils auroient fait un menſonge ſi groſſier, ou qu'il les en ait récompenſés dans la ſuite ? Saint Paul auroit donc dû échouer dès le premier pas.

Mais avancons : il fut inſtruit par un Chrétien à Damas. Ce Chrétien a du être ſon complice, quoiqu'il paroiſſe qu'ils ne ſe ſoient jamais connus l'un l'autre, & que celui-ci fût un homme d'une probité reconnue par les Juifs de Damas, & par conſé-quent incapable d'entrer dans une pareille intrigue. Malgré ces impoſſibilités, il faut dire que cet homme a été ſon confident,

Ananias au-
roit dû être
ſon compli-
ce, & l'on ne
peut raiſon-
nablement
ſuppoſer qu'il
l'ait été.

& qu'il étoit d'intelligence avec lui pour accréditer une imposture aussi criminelle, dont ils avoient concerté entr'eux tout le plan. Or ici la même difficulté revient. Car comment cet homme osa-t'il se hazarder à jouer un personnage si dangereux sans le consentement des autres Disciples, & particulierement des Apôtres, ou par quels moyens put-il l'obtenir ce consentement? Quelle absurdité à eux, d'attribuer la Conversion de Saint Paul à un miracle, dont ceux qui étoient avec lui pouvoient attester la fausseté? N'étoit-il pas plus aisé de répandre qu'il s'étoit trouvé à quelque prétendu miracle opéré

par

par les Difciples ou par Ananias, de maniere qu'on ne pût
découvrir la fupercherie, & d'attribuer fa Converfion à ce miracle, ou aux raifonnemens & aux
preuves de quelques Prifonniers,
avec qui il pouvoit s'être entrete-
nu, & qu'il auroit pû queftionner
fur leur foi & fur fes preuves?

C'étoit la voie la plus sûre & la
plus naturelle de déclarer cette
Converfion furprenante, au lieu
de l'attribuer à un événement,
dont on pouvoit fi aifément démontrer la fuppofition & la fauffeté. Car pour me fervir des paroles de Saint Paul à Agrippa,
ce fait ne s'étoit pas paffé dans
un coin, mais aux yeux de tout

le monde, & pouvoit être auffi-
tôt examiné par des gens inté-
reffés à en faire une exacte re-
cherche ; c'eft-à-dire par les Juifs
de Damas : s'ils euffent trouvé
l'ombre de preuve pour le convaincre de fupercherie , toute
l'impofture étoit détruite. Ceux
de Jérufalem dont il portoit les
lettres, n'avoient pas moins d'intérêt à découvrir tout ce myftere. Or nous voyons que plufieurs
années après , lorfqu'ils avoient
eu tout le tems & tous les moyens
de faire les plus exactes perquifi-
tions , il en appelloit hardiment
à Agrippa en préfence de Feftus,
fur la vérité de cet événement ; &
ce Prince qui auroit fûrement en-

tendu dire tout ce que les Juifs
auroient allégué contre la certitude de ce fait, n'entreprit pas
de le réfuter : preuve inconteſta-
ble de la notoriété du fait, & de
la probité de Saint Paul, qui avoit
l'aſſurance d'en appeller au témoignage d'un Roi aſſis pour le
juger.

Mais pour revenir à Ananias,
ſi toute cette Hiſtoire n'eſt qu'une
impoſture, & s'il étoit d'intelligence avec Saint Paul pour la
conduire & la répandre, n'eſt-il
pas étrange que depuis leur en-
trevûe à Damas, nous ne voyons
pas qu'ils ayent eu dans la ſuite
aucun rapport enſemble, ni qu'ils
ayent agi de concert, ou qu'A-

nanias ait tiré aucun avantage de l'amitié de Saint Paul, lorsque celui-ci fut parvenu à un si haut rang parmi les Chrétiens? Ananias étoit-il entré dans cette dangereuse intrigue, & y resta-t'il si long-tems sans espérance & sans intérêt? ou étoit-il sûr pour Saint Paul de le frustrer de cette espérance, & de s'exposer à son ressentiment? Je ne vois d'autre réponse à faire, sinon qu'Ananias mourut aussi-tôt après la Conversion de Saint Paul. Supposons donc le fait, quoiqu'il ne soit fondé ni sur l'Histoire ni sur la Tradition; & voyons comment cette étrange imposture fut conduite par Saint Paul même.

Son premier soin a dû être de se faire reconnoître & recevoir comme Apôtre par les autres Apôtres. Jusqu'à ce que cela fût fait, tout ce qu'il pouvoit entreprendre étoit assez inutile, & il n'avoit pas des moyens sûrs de se soutenir en estime & en crédit parmi les Chrétiens. Ceux qui s'ingerent d'eux-mémes dans de semblables intrigues, courent risque d'être démasqués tout à la fois, & par ceux qu'ils veulent tromper, & par ceux dans le parti desquels ils entrent d'eux-mêmes, & qui ne peuvent manquer de prendre ombrage de cette espece d'intrusion, sur-tout s'il s'agit d'un ennemi déclaré.

Saint Paul après sa Conversion, resta trois ans sans avoir de communication avec les autres Apôtres.

G iij

C'étoit donc une néceſſité indiſpenſable pour Saint Paul, d'engager les Apôtres à lui commuquer tous leurs myſteres, leurs deſſeins, leur autorité. Le moindre délai auroit été d'une dangereuſe conſéquence, & pouvoit l'expoſer à des inconveniens, auxquels dans la ſuite il n'auroit pû remédier. Mais au lieu de le faire, il s'en alla d'abord en Arabie, & de-là retourna à Damas; enſorte que ce ne fut que trois ans après qu'il alla à Jéruſalem.

Cette conduite s'explique aiſément, s'il eſt vrai, comme il le déclare dans ſon Epître aux Galates, qu'il n'avoit point reçu ſon Evangile d'aucun homme,

& qu'on ne le lui avoit point appris, mais qu'il le tenoit de la révelation de Jefus-Chrift. Sous un
tel Maître & avec l'affiftance de
fon divin pouvoir, il pouvoit
agir hardiment fans avoir befoin
d'affociés ; mais un impofteur
ainfi abandonné à lui-même, &
dépourvû de toute efpérance, de
tout foutien, de toute recommandation, n'auroit-il pas été
dans l'impoffibilité de réuffir ?

Nous voyons d'ailleurs qu'à *Sa liberté à refifter en face à Cephas.* Antioche il ne craignit point de réfifter en face à Cephas, & même de le reprendre, parce qu'il étoit répréhenfible. S'il n'eût été qu'un impofteur, fe feroit-il expofé à l'offenfer, lui avec qui il avoit

tant d'intérêt d'être uni & d'ufer
de ménagement ? Des gens qui fe
lient pour foutenir & accréditer
une impofture , doivent néceffai-
rement avoir de grands égards
les uns pour les autres. La vérité
feule peut en ufer ainfi librement.
Mais ce n'eft pas tout.

Obftacles
de la part des
Payens.

Confidérons maintenant quelles difficultés Saint Paul dût rencontrer parmi les Gentils mêmes, dans l'entreprife qu'il avoit
formée d'aller leur annoncer l'E-
vangile , & les convertir à la Religion de Jefus-Chrift. Comme
cette entreprife étoit l'objet principal de fes travaux Apoftoli-
ques , & que c'étoit à cela qu'il
avoit été , felon qu'il le dit dans

ſes Epîtres, appellé ſpécialement, ou qu'il s'étoit choiſi, ſelon
les Incrédules, & deſtiné lui-même, elle mérite cette entrepriſe
une conſidération particuliere.
Je ne parlerai ici que des principaux obſtacles, & le plus brievement qu'il me ſera poſſible,
parce que vous avez épuiſé ce ſujet dans votre excellent ouvrage
ſur la Réſurrection, où vous développés avec tant de force, de
raiſonnement & d'éloquence, les
difficultés qui s'oppoſoient dans
toutes les parties du monde à l'établiſſement & à la propagation
de la Religion Chrétienne.

Saint Paul avoit à combattre:
1°. Contre la politique & le pou

voir des Magiſtrats. 2°. Contre l'intérêt, le crédit & l'artifice des Prêtres. 3°. Contre les préjugés & les paſſions du peuple. 4°. Contre la ſageſſe & l'orgueil des Phi-loſophes.

La politi-que & le pou-voir des Ma-giſtrats.

Premierement, pour peu qu'on ait de connoiſſance de l'antiqui-té, on ſçait que dans toutes les contrées où régnoit le Paganiſ-me, la Religion étoit étroite-ment liée avec la Politique, & ſoutenue par les Magiſtrats com-me une partie eſſentielle du Gou-vernement. Il eſt vrai qu'ils to-léroient différens cultes, bien que cette tolérance n'allât pas auſſi loin que quelques-uns ſe l'i-maginent. Ils laiſſoient encore

difcourir fort librement fur la Religion, pourvû que l'on fe confor-
mât à l'extérieur aux ufages reli-
gieux; & rien de tout cela n'alloit
contre le fyftême du Paganifme
où la pluralité des cultes étoit ad-
mife. Auffi les Payens recevoient-
ils fans peine de nouveaux Dieux
& de nouveaux rites ; mais ils ne
fouffroient pas qu'on entreprît de
renverfer l'ancien culte, ni qu'on
l'attaquât directement : c'étoit à
leurs yeux un attentat impardon-
nable, non-feulement contre les
Dieux, mais contre l'Etat même ;
maxime fi conftante & fi univerfelle dans le Paganifme , que
quand la Religion Chrétienne
s'éleva contre toutes les autres

Religions, ne souffrant aucune communication avec elles, mais déclarant que les Dieux des Gentils ne méritoient pas qu'on les adorât, qu'il ne pouvoit y avoir de société entr'eux & le vrai Dieu ; quand, dis-je, cette nouvelle doctrine eut commencé de se répandre, & qu'elle eut fait assez de progrès pour se faire remarquer par les Magistrats, le pouvoir civil fut de toutes parts armé contre elle de toutes ses terreurs. Ainsi lorsque Saint Paul entreprit la Conversion des Gentils, il ne pouvoit ignorer que les persécutions les plus rigoureuses devoient être des suites inévitables de ses succès, s'il en avoit quelqu'un.

Secondement ce danger de-
venoit encore plus certain par
l'opposition qu'il avoit à craindre
de l'intérêt, du crédit, & de l'artifice des Prêtres. On sçait par
l'Histoire, quel profit eux & leurs
Ministres tiroient de ces cultes
superstitieux, que Saint Paul se
proposoit d'abolir ; quelle considération, & quel crédit ils leur
attiroient parmi le peuple & dans
l'Etat, & combien d'artifices ils
mettoient en usage pour les maintenir. Saint Paul ne pouvoit douter qu'ils n'employassent toute
leur adresse & toutes leurs intrigues, pour arrêter le cours de la
Doctrine qu'il prêchoit, puis-
quelle n'alloit à rien moins qu'à

L'intérêt, le crédit & l'artifice des Prêtres.

renverſer le fondement de leur
autorité, & à tarir la ſource de
leur gain & de leurs richeſſes. Ils
la devoient regarder comme plus
à craindre pour eux, que les Sectes des Philoſophes les plus dé-
clarées en faveur de l'Athéiſme;
car ces Philoſophes, en diſputant
contre eux, & niant leurs principes, déclaroient au même tems
qu'il falloit maintenir leurs pratiques, comme des inventions utiles, ou du moins les laiſſer ſub-
ſiſter comme des établiſſemens
autoriſés par les Loix. Ainſi S.
Paul ſans aucun appui humain,
avoit ſeul à combattre contre tout
ce que l'artifice & la fourberie
leur pouvoit ſuggérer pour main-

tenir leur culte, & contre tout
le secours des Magistrats, & le
zéle du peuple, qui ne manqueroient pas de les soutenir.

Troisiémement Saint Paul alloit choquer directement tous les
préjugés & toutes les passions des
Peuples. Si sa Prédication se fût
bornée à la Judée seule, il n'auroit pas trouvé à beaucoup près de
si grandes difficultés. Le Peuple
étoit si frappé des miracles opérés par les Apôtres, & du souvenir de ceux que Jesus-Christ
avoit opérés lui-même, que malgré leurs Magistrats, ils com-
mençoient d'être disposés plus
favorablement envers les Apôtres. Nous voyons même plus

Les préju-
gés & les
passions des
Peuples.

d'une fois, que le grand Prêtre & son Conseil par crainte du Peuple, n'oferent les traiter avec autant de féverité qu'ils auroient fouhaité. Mais S. Paul ne pouvoit s'attendre à trouver parmi les Gentils de femblables difpofitions dans le peuple prévenu en faveur de la fuperftition Payenne, & fpécialement contre toute la Doctrine annoncée par un Juif. L'averfion des Juifs pour l'idolâtrie, & leur éloignement invincible pour toute autre Religion que la leur, les faifoient détefter de toutes les autres Nations, & regarder comme les ennemis du genre humain. Ce n'étoit pas tout que la haine ; on avoit encore

pour

pour eux le dernier mépris. C'eſt ce qu'on peut voir par la maniere dont en parlent les Auteurs Payens, & par les plaintes que l'Hiſtorien Joſeph fait ſi ſouvent dans ſon Apologie de l'injuſtice des Gentils à leur égard. Saint Paul pouvoit-il donc ſe flatter, que la Doctrine qu'il prêchoit pût trouver quelque créance parmi des Peuples, à qui en qualité de Juif il étoit lui-même un objet tout à la fois de haine & de mépris ? Mais outre ce préjugé populaire des Payens contre les Juifs, les Dogmes qu'il enſeignoit choquoient toutes leurs idées de Religion. Ils ne convenoient d'aucun des principes

H

dont il auroit pû se servir pour
les convaincre de la vérité de
l'Evangile qu'il leur annonçoit.
En prêchant Jesus - Christ aux
Juifs, il pouvoit tirer des preuves
contre eux des Ecritures qu'ils
croyoient de révelation divine,
& par-là leur montrer clairement
que Jesus étoit le Christ. Mais
toutes ces idées étoient nouvelles pour les Gentils ; ils n'atten-
doient point de Christ, ils ne re-
connoissoient point d'Ecritures,
& il falloit leur prouver l'Ancien Testament aussi bien que le
Nouveau. Un homme qui n'étoit
pas autorisé même de sa propre
Nation, un homme contredit
par tous les Grands & par tous

ceux qui paſſoient pour les plus
ſages, pouvoit-il venir à bout
de tout cela lui ſeul, ou avec deux
ou trois autres auſſi peu avanta-
gés, & même de moindre conſidération que lui.

Il eſt vrai que la lumiere naturelle, ſans une révélation expreſ-
ſe, pouvoit conduire les Gentils
à la connoiſſance d'un ſeul Dieu
Créateur de toutes choſes, & que
S. Paul pouvoit en appeller à cette lumiere, comme nous voyons
qu'il faiſoit. Mais toute claire
qu'elle étoit cette lumiere, ils l'a-
voient preſque éteinte par leurs ſuperſtitions, en transférant l'honneur qui n'eſt dû qu'au Dieu in-
corruptible, à l'image d'un hom-

H ij

me corruptible, & à des figures d'oiseaux, de bêtes à quatre pieds & de serpens, & servant plûtôt la Créature que le Créateur. Ce n'é- toient pas seulement leurs préju- gés qui les attachoient fortement à l'idolâtrie ; c'étoient encore leurs passions, qui trouvoien tleur compte dans la persuasion où ils étoient que ce n'étoit ni la ver- tu, ni la sainteté qui pouvoient leur rendre leurs Dieux propi- ces, mais les offrandes, l'encens & les cérémonies extérieures ; cérémonies dont la magnificence & la pompe éblouissoit leurs sens, & les flatoit par des plaisirs sou- vent impurs & déreglés. L'Evan- gile au contraire leur proposoit

pour plaire à Dieu, sur-tout un
culte en esprit & en vérité, un
repentir sincere, une soumission
parfaite aux Loix divines, une
inviolable pureté de vie & de
mœurs, & un renoncement entier aux déreglemens auxquels
ils étoient livrés. Qu'une telle
Doctrine devoit paroître révol-
tante à des hommes abandonnés
à leurs passions, comme étoit
alors tout le monde Payen !
Quand Saint Paul auroit pû engager leurs Philosophes à l'ap-
prouver cette Doctrine, pouvoit-il se flater de la faire goû-
ter aux Peuples, & de leur faire
quitter une Religion commode,
dans laquelle ils avoient été éle-

vés , pour en embraſſer une auſſi
rigide & auſſi auſtere. Saint Paul
n'auroit-il rien relâché de la ſé-
verité de cette Religion pour les
gagner ? Il l'auroit fait ſans doute , s'il n'eût été qu'un impoſteur.
Mais on voit par ſes Epîtres qu'il
la prêchoit dans toute l'étendue
& la pureté que Jeſus-Chriſt lui
avoit donnée lui-même.

Mais ſuppoſé qu'il fût parvenu
à leur perſuader de quitter leurs
plaiſirs ſenſuels pour ſuivre la
morale Evangélique , & de renoncer à leur idolâtrie , que S.
Paul compte parmi les œuvres de
la chair , pour embraſſer le culte
ſpirituel d'un Dieu inviſible , auroient-ils reçu la Doctrine du

falut des hommes opéré par la Croix de Jesus-Chrift ? Nourris dans des idées fi contraires à ce grand myftere , à cette fageffe cachée de Dieu , que les Princes de ce monde n'ont point connue, l'auroient-ils , dis-je , reçue cette Doctrine contre les inftructions de tous leurs Docteurs , & contre l'exemple de tous leurs Supérieurs ? Leurs Dieux avoient été prefque tous des Rois puiffans , des conquérans fameux : ils rendoient les honneurs divins aux Empereurs de Rome , qui n'avoient d'autre titre que leur autorité Impériale , pour être mis au rang des Dieux. Comment accorder avec toutes ces idées un

crucifié Fils de Dieu , le Ré-
dempteur du genre humain fur la
Croix ; & reconnoître en lui
l'image du Dieu invifible , le
premier né des créatures , par qui
& pour qui toutes chofes ont été
faites dans le Ciel & fur la Terre , foit les Thrônes , foit les
Dominations , foit les Princi-
pautés ou les Puiffances ? Non :
l'homme animal , pour me fervir
des termes de Saint Paul , ne
conçoit pas ces chofes : elles
font une folie pour lui , & il ne
les peut comprendre , parce que
c'eft par une lumiere fpirituelle
qu'on doit en juger.

L'orgueil & la fauffe fageffe des Philofophes. Quatriémement S. Paul dans le grand Ouvrage de la Converfion des

des Gentils, outre la politique &
le pouvoir des Magiſtrats, &
l'intérêt, le crédit & l'artifice
des Prêtres, avoit donc encore à
combattre les préjugés & les paſſions du Peuple : il n'avoit pas
moins d'oppoſition à craindre de
la ſageſſe & de l'orgueil des Philoſophes. On croiroit que ces
hommes qui ſe prétendoient plus
éclairés que le vulgaire, & élevés au-deſſus de ſes préjugés & de
ſes paſſions, devoient ſeconder
cet Apôtre ; mais loin de l'aider
& d'être favorables à l'Evangile, ils en furent les plus mortels
& les plus irréconciliables ennemis. Leurs préjugés étoient encore bien plus oppoſés à la Doc-

I

trine de Jesus-Christ que ceux du Peuple, & plus profondément enracinés dans leurs esprits. La sagesse dont ils se glorifioient, consistoit principalement en de vaines spéculations Métaphysiques, en des subtilités de Dialectique, des idées présomptueuses de la perfection & de la suffisance de la sagesse humaine, des assertions dogmatiques sur des opinions douteuses, ou des doutes sceptiques sur les vérités les plus claires & les plus incontestables. On sent d'abord que rien ne pouvoit être plus contraire aux premiers principes de la Religion Chrétienne que ceux des Philosophes, qui faisoient profession d'Athéifme ou de Septicifme, Sectes alors fort en vogue parmi les Grecs & les Romains; & pour peu qu'on fçache quelles étoient fur la nature des Dieux & fur celle de l'ame les opinions des Théiftes, on conviendra aifément que leurs idées ne s'accordoient gueres mieux avec la Foi que prêchoit Saint Paul. Mon deffein n'eft pas de m'étendre ici fur ce fujet, que le fçavant Varburton à traité avec tant d'érudition. Mais s'il étoit befoin d'entrer dans le détail, je ferois voir aifément, que de toutes les Sectes des Philofophes qui exiftoient alors, il n'en eft aucune, fans en excepter même les

Platoniciens, qu'on croit approcher le plus de la Religion Chrétienne, qui ne foutint des opinions contradictoirement oppofées aux Dogmes de l'Evangile. Elles s'accordoient toutes à rejetter comme contraire aux principes de la Philofophie, le grand & le fondamental article de la Foi Chrétienne, fans lequel S. Paul déclaroit à fes Profélytes que leur Foi feroit vaine, c'eft-à-dire la réfurrection des corps. Outre l'oppofition de leurs principes à ceux de l'Evangile, l'orgueil commun à tous ces Philofophes n'étoit-il pas pour eux un obftacle prefque invincible à recevoir les Dogmes de l'Evangile de Jesus-Christ si propres à les humilier, & où ils apprenoient qu'ils étoient devenus fous en faisant profession d'être sages ? Cet orgueil étoit-il moins intraitable & moins indocile aux leçons de Jesus-Christ & de son Apôtre, que celui des Scribes & des Pharisiens ? Saint Paul avoit donc à combattre, dans l'entreprise de la Conversion des Gentils, toutes ces Sectes de Philosophes. Quel obstacle ! Je le laisse à penser à ceux qui sçavent par l'Histoire quel crédit ils avoient alors dans le monde, crédit supérieur même à celui des Prêtres. Tous ceux qui aspiroient ou à la science, ou à la vertu, les plus grands Magistrats,

I iij

les Généraux, les Rois se rangeoient sous leur discipline : ils étoient formés dans leurs Ecoles, & faisoient profession des sentimens qui s'y enseignoient ; toutes ces Sectes avoient pour maxime de ne rien changer au culte public & à la Religion établie. Mais avec cette restriction, ils enseignoient librement tout ce qu'il leur plaisoit, & il n'y avoit point d'opinions religieuses qui fussent défendues avec plus de chaleur que celles de ces Philosophes l'étoient par leurs Sectateurs. La Religion Chrétienne renversoit en même tems tous leurs systêmes : elle enseignoit une motale plus parfaite que la

leur, & l'établiſſoit ſur de plus
ſolides & de plus ſublimes principes: elle mortifioit leur orgueil,
confondoit leur ſçavoir, dévoi-
loit leur ignorance, ruinoit leur
crédit. Que ne durent-ils pas faire contre une ennemie ſi dangereuſe? ne devoient-ils pas mettre
en uſage toute la force de leur
éloquence, tout l'art de leur dialectique, leur pouvoir ſur le Peuple, & leur crédit auprès des
Grands, pour décréditer des nouveautés dont ils avoient tant lieu
de craindre les ſuites. Si Saint
Paul n'avoit compté que ſur ſes
talens naturels, ſur ſes connoiſſances, ſon ſçavoir, ſon éloquence, ſe feroit-il flaté de réſiſ-

ter feul à tous les autres réunis
contre lui ? Un Maître inconnu
jufqu'alors, & forti d'un coin du
monde obfcur & méprifé, auroit-
il tenu contre l'autorité de Platon, d'Ariftote, d'Epicure, de
Zenon, d'Arcéfilas, de Carnea-
des, & de tous ces grands noms
qui tiennent le premier rang de
la fageffe humaine ? J'ofe le dire ;
il ne lui auroit pas été plus difficile d'entreprendre lui feul ou
avec le fecours de Barnabé, de
Silas, de Timothée & de Tite,
de fonder une nouvelle Monar-
chie fur les ruines de tous les Em-
pires du monde, que d'élever le
Chriftianifme fur les débris de
toutes les **Sectes de Philofophie**

qui régnoient alors dans les esprits des Gentils à qui il prêchoit l'Evangile, & sur-tout parmi les Grecs & les Romains.

Donc puisque dans l'Ouvrage de la Conversion des Gentils, Saint Paul loin de trouver aucun appui, aucun secours, étoit assuré au contraire de rencontrer toute la résistance & l'opposition imaginable dans les Magistrats, les Prêtres, le Peuple, les Philosophes, il comptoit nécessairement pour réussir dans cette entreprise sur quelque secours extraordinaire, sur un pouvoir supérieur à celui de la raison, & à toute la force de la dialectique & de l'éloquence. Aussi dit-il aux Co-

Miracles & Prodiges, moyens qu'emploie S. Paul dans la Conversion des Gentils.

Ep. 1. C. 2. rinthiens, qu'il n'avoit point employé en les prêchant les discours perſuaſifs de la ſageſſe humaine ; mais les effets ſenſibles de l'eſprit & de la vertu de Dieu.

Ep. 1. C. 1. Et aux Theſſaloniciens, que la Prédication qu'il leur avoit faite de l'Evangile n'avoit pas été en paroles ſeulement ; mais qu'elle avoit été accompagnée de miracles & de la vertu du Saint Eſprit. C'étoit à l'efficace de ce pouvoir divin, qu'il attribuoit tous ſes ſuccès dans ces Contrées, & partout où il planta l'Evangile de Jeſus - Chriſt. S'il avoit réellement ce pouvoir, il étoit en état de triompher de tous les obſtacles ; mais en ce cas il n'étoit point un impoſteur.

Voyons donc si supposé qu'il l'eût été, il auroit pû par de prétendus Miracles surmonter toutes ces difficultés & réussir dans son entreprise. Pour donner cours à de faux Miracles, deux circonstances doivent nécessairement concourir ; une disposition à se laisser tromper dans ceux à qui il s'agit de faire illusion, & une faction puissante, qui favorise & soutienne l'imposture. Ces deux circonstances, ou du moins l'une des deux, ont toujours accompagné tous les faux Miracles anciens & modernes, qui ont obtenu quelque créance parmi les hommes. C'est au concours de ces deux circonstances qu'est dûe

Qu'il n'auroit pû réussir, si ses Miracles n'eussent été que des prestiges.

Deux circonstances nécessaires, pour accréditer de faux Miracles.

la créance générale que le monde Payen a eue aux Oracles, aux
Auspices, aux Augures, & aux
autres supercheries par lesquelles
les Prêtres de concert avec les
Magistrats soutenoient la Religion du Pays, & trompoient un
Peuple prévenu en leur faveur,
& qui vouloit être séduit. Mais
Saint Paul n'avoit pour lui ni
l'une ni l'autre. Les Gentils assurément n'étoient pas prévenus favorablement pour lui ou pour les
Dogmes qu'il enseignoit. On ne
sçauroit même imaginer des préjugés plus forts, que ceux dont ils
étoient indubitablement préoccupés contre lui & contre sa Doctrine. S'il n'étoit point sorti de la

Qu'elles manquerent toutes deux à S. Paul.

Judée, nos prétendus efprits forts auroient pû dire que les Juifs étoient un Peuple crédule, prêt à courir après le merveilleux, & à y ajoûter foi aifément; & que le bruit des Miracles faits par Jefus lui-même & par fes Apôtres avant que Saint Paul déclarât fa Converfion, leur avoient déja échauffé l'imagination, & difpofé leurs efprits à en admettre d'autres opérés par la même vertu. Le Miracle fignalé par lequel les Apôtres le jour de la Pentecôte parlerent différentes langues, avoit converti trois mille perfonnes. Celui de la guérifon du Boiteux qui demandoit l'aumône à la porte du Temple,

en avoit converti plus de cinq
mille ; & la foi du Peuple étoit
si grande, qu'on exposoit les malades dans les rues, & qu'on les
étendoit sur des lits, afin que
quand Saint Pierre viendroit à
passer, son ombre tombât sur
quelqu'un d'eux. Si Saint Paul
eût voulu contrefaire à Jérusalem
ces opérations miraculeuses, les
circonstances étoient favorables,
& il auroit pû se flatter de quelque succès dans cette Ville &
dans la Judée. Car quoique les
Prêtres & les Magistrats persis-
tassent à se déclarer contre ces
Miracles, le Peuple étoit dispo-
sé à y ajouter foi. Il n'en étoit
pas de même des Gentils ; leurs

esprits n'étoient rien moins que disposés à ces illusions ; ils ne connoissoient ni Jesus-Christ, ni son pouvoir, ni celui de ses Apôtres. Aussi quand Saint Paul guérit à Lystre cet homme estropié de naissance, le Peuple étoit si éloigné de croire qu'il eût fait ce miracle comme Apôtre de Jesus-Christ, ou par une vertu qu'il tint de lui, qu'ils prirent Paul & Barnabé pour deux de leurs Dieux cachés sous la forme humaine, & qu'ils voulurent leur faire un sacrifice.

Les Citoyens de Lystre concouroient-ils donc en cette rencontre à se tromper eux-mêmes ? Avoient-ils l'imagination préoccupée des préventions d'un pouvoir miraculeux résidant en S. Paul, qui les disposassent à croire qu'il opéroit des miracles, qu'effectivement il n'opéroit pas ? Le contraire est évident : on en peut dire autant des autres Pays où il porta l'Evangile ; & il est très-aisé de démontrer qu'il n'y trouva ni disposition, ni inclination à recevoir ou à favoriser sa Doctrine, s'il ne l'eût confirmée par de vrais miracles.

Mais au défaut de cette inclination, il étoit peut-être appuyé d'une Cabale assez forte pour faire croire ses faux miracles aux Gentils, quoiqu'ils ne fussent ni préparés ni disposés à les admettre.

tre. Il eſt clair que non ; il n'y
avoit point de colluſion entre lui
& leurs Prêtres, ou leurs Magiſtrats. Nulle Secte, nul parti parmi
eux ne pouvoit lui donner d'eſpérance. Tous les yeux étoient
ouverts pour découvrir ſes im-
poſtures, & toutes les mains prê-
tes à les punir, auſſi-tôt qu'elles
ſeroient découvertes. S'il fût reſ-
té dans la Judée, il auroit eu au
moins quelques aſſociés, tous les
Apôtres & tous les Diſciples de
Jeſus-Chriſt qui étoient pour lors
en aſſez grand nombre ; mais en
prêchant la Foi au Gentils, il
étoit preſque toujours ſeul, ou
n'étoit jamais ſecondé que par
deux ou trois Compagnons ou

K

Sectateurs tout au plus. Etoit-ce là une Cabale capable de faire réuſſir une pareille impoſture dans tous ces Pays différens, contre l'oppoſition univerſelle des Magiſtrats, des Prêtres & du Peuple, tous ligués pour découvrir & dévoiler leurs intrigues.

Remarquons d'ailleurs que ceux contre qui il auroit eu recours à ces artifices, n'étoient pas des Peuples groſſiers ou ignorans, capables de prendre des opérations extraordinaires de la nature, ou des tours de charlatan, pour des œuvres miraculeuſes. C'étoit dans les Pays les plus éclairés du monde que S. Paul établiſſoit ſes Egliſes ; c'étoit parmi les Grecs de l'Asie & de l'Europe, parmi les Romains, au milieu des Sciences, de la Philosophie, dans un tems où l'on avoit une liberté entiere de penser, où l'on étudioit avec plus de curiosité le pouvoir & les forces de la nature, & où l'on étoit moins porté qu'en aucun autre à ajoûter foi à de prétendues opérations miraculeuses. Ce n'étoit pas le bas peuple qu'il convertissoit. Sergius-Paulus, Proconsul de Paphos, Eraste Trésorier ou Baillif de Corinthe, & Denis l'Aréopagite furent ses Prosélytes.

Ses miracles n'étoient donc soutenus ni par les dispositions de ceux qu'il vouloit convertir par ces moyens, ni par une cabale puiſſante & en état d'autoriſer & accréditer ces artifices ; deux circonſtances ſans leſquelles, ou du moins ſans l'une deſquelles, jamais pareille impoſture n'a réuſſi.

Nous les avons vû concourir ces deux circonſtances dans les fameux miracles prétendus opérés ſur le tombeau de l'Abbé Paris. Il eſt vrai qu'ils n'étoient pas ſoutenus de l'autorité du Gouvernement ; mais ils l'étoient par une faction puiſſante & nombreuſe en France, & compoſée partie de gens ſçavans & capables de conduire une intrigue, partie de faux Dévots & d'Enthou-

Miracles de l'Abbé Paris.

sïfiastes. Tous ces gens réunis pour vanter ces miracles, soutenoient qu'ils étoient faits en faveur de leur parti, & tous ceux qui y avoient foi, étoient très-disposés à cette créance. Cependant malgré ces avantages, avec quelle facilité n'est-on pas venu à bout d'en arrêter le cours ! Il n'a fallu pour cela que murer l'endroit où étoit la tombe du Saint, où l'on prétendoit opérer ces prodiges. Aussi-tôt après quelques personnes s'aviserent de mettre sur le mur du Cimetiere les deux vers suivans :

> De par le Roi, défense à Dieu
> De faire miracle en ce lieu.

La Pasquinade étoit assez in-

génieuſe ; mais l'événement en
fit retomber tout le ridicule ſur le
parti qui en étoit l'Auteur. Si
Dieu eût réellement opéré quelques miracles , une auſſi ridicule
défenſe auroit-elle eu ſon effet ?
Le deſſein de Dieu auroit-il été
renverſé par la conſtruction de ce
mur ? Quand on eut mis tous les
Apôtres en priſon pour arrêter
le bruit que faiſoient leurs miracles , l'Ange du Seigneur vint
leur en ouvrir les portes & leur
rendre la liberté. Mais le pouvoir de l'Abbé Paris n'a pû ni
renverſer le mur qui fermoit l'en-
trée de ſon tombeau à ceux qui
y avoient dévotion, ni opérer
malgré cet obſtacle. Et voilà les

miracles que les Incrédules n'ont pas rougi de comparer & d'opposer souvent à ceux de Jesus-Christ & de ses Apôtres ! C'est la raison qui m'a déterminé à en parler ici.

Mais pour remonter à des tems plus voisins de Saint Paul, nous lisons dans Lucien le récit de l'imposture la plus singuliere, & qui eut de son tems le succès le plus étonnant. Elle eut pour Auteur Alexandre de Pont. Cet homme qui se donnoit pour inspiré, annonçoit dans ce Pays un nouveau Dieu dont il se disoit le Prophête, & au nom duquel il prétendoit opérer des prodiges & rendre des oracles ; ce qui

Miracles & imposture d'Alexandre de Pont.

lui avoit acquis d'immenfes richeffes & un grand pouvoir. Lu-
cien rapporte tous les moyens
dont ce fourbe fe fervit pour répandre fa prétendue Religion ;
& rien n'eft plus propre à faire
diftinguer la vérité d'avec le
menfonge, que d'obferver combien fa conduite étoit différente
de celle S. Paul. Alexandre ne
changeoit rien dans la Religion
du Pays ; il fe contentoit d'y
ajoûter la fienne, & il n'épar-
gnoit rien pour intéreffer à fes
fuccès tous les Prêtres Payens du
Pont & de tout l'Univers, ren-
voyant aux Oracles qui étoient
alors le plus en vogue, la plûpart
des gens qui venoient le conful-
ter,

ter, moyen sûr d'engager tous les
Prêtres à soutenir sa réputation &
accréditer son imposture. Il parloit avec beaucoup de respect de
toutes les Sectes des Philosophes,
excepté des Epicuriens, qui con-
séquemment à leurs principes ne
pouvoient manquer de se moc-
quer de ses supercheries & de s'y
opposer. Car quoiqu'ils n'osaf-
sent entreprendre d'innover dans
la Religion établie, ou de la détruire, ils attaquoient librement
toutes les nouveautés qu'on auroit voulu introduire sous le nom
de Religion, & qui n'étoient
point autorisées par les Loix.
Aux contradictions qu'il éprou-
voit de la part de ces Philoso-

L

phes auſſibien que de celle des
Chrétiens, Alexandre ne ſçavoit
oppoſer que la perſécution & la
violence : il ameutoit le Peuple
contre eux, & les pierres étoient
les réponſes qu'il donnoit à leurs
objections. Pour ſe faire donner
de l'argent, voici l'oracle qu'il
annonçoit de la part de ſon Dieu.
» Je vous commande d'honorer
» de vos préſens mon Prophête &
» mon Miniſtre ; je me ſoucie peu
» des richeſſes pour moi-même,
» mais beaucoup pour mon Pro-
» phête. « Le gain immenſe qu'il
faiſoit étoit partagé à une infinité
d'aſſociés, dont ils ſe ſervoit comme d'autant d'inſtrumens pour
répandre & accréditer ſa nou-

velle Religion. Si quelqu'un fe déclaroit fon ennemi, lorfqu'il n'ofoit l'attaquer à force ouverte, il tâchoit de le gagner par caref-fes ; & quand il étoit venu à bout de s'en rendre le maître, il tra-moit fourdement fa perte. Ce fut le moyen dont il ufa contre Lu-cien luì-même. Il en tenoit d'au-tres dans fa dépendance, par-ce qu'il avoit entre les mains des Billets, où ils propofoient à fon Dieu diverfes queftions fur les affaires de l'Etat ; & comme ces Billets venoient pour la plû-part de gens illuftres, puiffans & accrédité, il tiroit d'eux les plus grands fervices. Il dif-pofoit à fon gré de leur crédit &

L ij

d'une grande partie de leurs
biens. Il avoit fçu gagner l'amitié & la protection de Rutilianus fameux Général Romain, en
lui promettant une longue vie,
& qu'après fa mort il feroit mis
au rang des Dieux; & quand il
lui eut entierement fait tourner la
tête, il lui commanda par un
Oracle d'époufer fa fille, qu'il
prétendoit avoir eue de la Lune.
Rutilianus obéit à fes ordres, &
cette alliance mit l'Impofteur plus
d'une fois à l'abri du chatiment
qu'il méritoit; le Gouverneur
Romain du Pont & de la Bithi-
nie s'excufant par cette raifon
d'en faire juftice, lorfque Lucien
& plufieurs autres s'offrirent d'en

être les accusateurs. Jamais il ne sortit du Pays barbare où il s'étoit établi, lorsqu'il conçut le projet de cette intrigue ; mais résidant lui-même parmi ce Peuple superstitieux & crédule, il étendit au loin sa réputation par ses Emissaires, qu'il répandoit dans tout le monde & sur-tout à Rome, & qui sans prétendre faire eux-mêmes des miracles, se contentoient de publier les siens, & de lui donner avis de tout ce qu'il pouvoit lui être utile de sçavoir.

Voilà les moyens qu'il employa, moyens qui pouvoient seuls faire réussir une intrigue de cette nature, mais directement

opposés à ceux dont usa Saint
Paul dans la Prédication de l'E-
vangile. Je ne parlerai pas des
débauches & des excès énormes
auxquels se livra ce faux Prophête sous le masque de la Religion ;
autre trait distinctif entre Saint
Paul & lui : ni de ses réponses
ambiguës, des subterfuges, des
ruses, des tours de Charlatan
auxquels il recourut, auxquels
ainsi qu'à l'objet qu'il avoit en
vûe, il est aisé de reconnoître le
caractere de l'imposture. Ce que
je remarque principalement, c'est
d'une part cette Cabale nombreuse & puissante d'associés dont il
prit soin de s'appuyer, & qu'il
chargeoit de publier par-tout son

prétendu pouvoir d'opérer des miracles ; & de l'autre les dispositions qu'il trouva dans ceux qu'il séduisoit à concourir eux-mêmes avec lui à leur propre séduction ; moyens qui étoient indignes de l'Apôtre de Jesus-Christ , & auxquels il n'eut jamais recours. Concluons donc de tout ceci , que Saint Paul n'employa pour réussir dans le grand ouvrage de la Conversion des Gentils aucun moyen humain qui fût proportionné aux succès que nous sçavons qu'il a eus, & aux difficultés sans nombre qu'il avoit à surmonter ; & par conséquent nous ne pouvons raisonnablement l'attribuer ce succès qu'au pouvoir

de Dieu qui seconda son Ministre, puisqu'aucune autre cause
n'a pû avoir de proportion avec
un effet si surprenant.

Nous avons donc démontré,
1°. Que Saint Paul n'avoit d'autre motif raisonnable de se faire
Apôtre de Jesus-Christ, qu'une
conviction intime de la vérité de
l'Evangile qu'il prêchoit. 2°. Que
s'il étoit entré dans une pareille
imposture sans motifs raisonna-
bles, il lui auroit été impossible
d'avoir le succès étonnant qu'il
a eu. 3°. Que ce succès étoit un
effet du pouvoir divin qui le se-
condoit. Ces seules raisons suf-
firoient pour établir solidement la
divinité de la Religion Chrétienne.

Mais afin de préſenter ce ſujet dans tous les jours dont il eſt ſuſceptible, tâchons de prouver dans chacune de ſes parties la propoſition que nous avons avancée; & après avoir montré, j'oſe le dire, de maniere à convaincre tout eſprit impartial, que Saint Paul n'étoit pas un impoſteur, qui dans le deſſein de tromper les autres, donnoit comme vraies des choſes dont la fauſſeté lui étoit connue. Voyons ſi l'on peut raiſonnablement prétendre que cet Apôtre n'étoit qu'un Viſion-naire, qu'un Enthouſiaſte, qui avoit été ſéduit lui-même par une imagination échauffée.

Un tempérament ardent & mé-

II.
Saint Paul n'a point été un Viſionnaire, un Enthouſiaſte.

10.
Que Saint Paul n'avoit aucune des qualités qui forment d'ordinaire les Enthouſiaſtes.

Tempérament ardent,

lancolique, l'ignorance, la crédulité, la vanité ou une haute
idée de soi-même, voilà les qualités qui forment communément
les Enthousiastes.

Le zéle de Saint Paul à soutenir, tant qu'il resta dans la Religion Judaïque, & depuis qu'il
eut embrassé celle de J. C. ce qui
lui paroissoit conforme à la vérité
& à la Justice, pourroit faire conclure que cet Apôtre étoit réellement d'un tempérament ardent
& plein de feu ; & c'est pour cela
sans doute, autant que par l'im-
possibilité de prouver qu'il ait été
un imposteur, que quelques Incrédules l'ont donné pour un Enthousiaste. Mais ce tempérament

ne suffit pas seul, pour prouver que Saint Paul l'ait été. D'autres l'ont eu ce tempérament, sans avoir été des Enthousiastes, les Gracques, Caton, Brutus, & plusieurs autres grands personnages, recommandables par leur sagesse & leur vertu; & il ne paroît pas que S. Paul se soit laissé tellement emporter à son tempérament, qu'il n'ait jamais été en état de le régler & de le modérer par la raison. Au contraire il en étoit tellement le maître, que dans les matieres indifférentes il se faisoit tout à tous, accommodant, autant que ce qu'il devoit à Dieu le lui pouvoit permettre, ses idées & sa maniere de vivre aux leurs ; condefcendance qui n'eft guere compatible avec la roideur inflexible des Dévots Enthoufiaftes, ni avec les mouvemens & les faillies violentes d'une imagination fanatique. Son zéle, quoique ardent, étoit réglé par la prudence & temperé par la politeffe & les bienféances, comme on le peut voir par fa conduite à l'égard d'Agrippa, de Feftus & de Felix ; zéle par conféquent bien différent du zéle imprudent & aveugle des Enthoufiaftes, qui ne fçait garder ni mefure ni décence.

Mélancolie. Qu'on n'en voit aucun trait dans la vie de cet Apôtre.

La mélancolie eft de toutes les difpofitions du corps & de l'efprit la plus propre à faire des Vi-

fionnaires ; mais il ne paroît ni
par les écrits de S. Paul, ni par
rien de ce qui eſt dit de lui dans
les Aĉtes des Apôtres, ni par aucun autre témoignage, qu'il y fût
plus porté qu'aucun autre homme.
Quoiqu'il fût pénétré du repentir le plus vif & le plus ſincere
d'avoir d'abord perſécuté l'Egliſe de Jeſus – Chriſt , nous ne
voyons pas qu'il ait donné dans
les pénitences cruelles & les
mortifications extravagantes des
Brames, des Jaugues & autres
Enthouſiaſtes mélancoliques. Il
faiſoit conſiſter la ſainteté dans
la ſimplicité d'une bonne vie, &
dans l'accompliſſement exaĉt de
tous les devoirs de l'Apoſtolat au-

quel il avoit été appellé. Il fait
dans ses Epîtres un long détail
des souffrances qu'il enduroit
avec patience & même avec joie ;
mais nous ne voyons pas qu'il les
ait toujours cherchées , ni qu'il
s'y soit exposé témérairement.
Au contraire nous voyons qu'il
recourut au privilége de Citoyen
Romain, pour éviter d'être bat-
tu de verges , & qu'il usa des
moyens que la prudence lui pouvoit suggérer pour échapper au
danger , & éviter la persécution,
toutes les fois qu'il put le faire
sans trahir le devoir de son ministere & l'honneur de Dieu. Il
est vrai qu'il souhaitoit de mourir & d'être avec Jesus-Christ ;

mais ce défir ne prouve pas qu'il fût un atrabilaire & un Enthou- fiafte, mais feulement qu'il étoit pleinement convaincu des véri- tés divines qu'il prêchoit, & du bonheur qui lui étoit réfervé dans cet heureux féjour où il avoit été ravi. En un mot on ne voit ni dans fes actions, ni dans les inf- tructions qu'il donnoit à ceux dont il étoit chargé, aucun trait de mélancolie, caractere pour- tant fi ordinaire aux Enthoufiaf- tes, qu'il n'en a paru aucun ni dans l'antiquité ni dans ces der- niers tems, en qui on n'en trou- ve des marques évidentes.

L'ignorance eft une autre dif- pofition à l'enthoufiafme. Or

Ignorance. Qu'on n'en peut accufer Saint Paul.

on ne peut en accuſer S. Paul, qui
paroît avoir été inſtruit dans les
Sciences des Juifs, & même dans
celles des Grecs. C'eſt pourquoi on ſeroit encore moins fondé à le regarder comme un Enthouſiaſte qu'aucun autre des
Apôtres, quoiqu'on ait des preuves inconteſtables qu'aucun d'eux
ne l'ait été.

Crédulité.
Saint Paul a
paru donner
plûtôt dans
l'excès con-
traire.

J'ai dit que la crédulité étoit
encore une des qualités qui con-
courent le plus ordinairement à
former les Enthouſiaſtes : or on
voit par l'Hiſtoire de Saint Paul,
d'une maniere à n'en pouvoir
douter, qu'il n'étoit rien moins
que crédule. Il ſemble même
avoir donné dans l'excès contraire,

re, puisqu'il ne se rendit ni aux miracles de Jesus-Christ, dont il avoit sans doute oui parler à Jérusalem, ni à celui que les Apôtres Pierre & Jean opérerent en son nom après sa résurrection sur le Boiteux qui demandoit l'aumône à la porte du Temple, ni à l'argument que Saint Pierre tiroit de cet événement en faveur de la Résurrection de J. C. devant le Prince des Prêtres, les Magistrats, les Anciens & les Scribes. Il dut sçavoir encore que les Apôtres ayant été mis en prison, le grand Prêtre, le Conseil, & tout le Sénat des enfans d'Israël envoyerent leurs Officiers pour les amener devant

M

eux ; que ces Officiers étant venus
à la prison, & n'y ayant point
trouvé les Apôtres, avoient
rapporté au Sénat qu'ils avoient
trouvé la prison fermée & les
Gardes devant la porte, mais
que l'ayant ouverte, ils n'avoient
vû personne dedans ; qu'aussi-tôt
après on étoit venu dire au Confeil : les hommes que vous avez
mis en prison sont dans le Temple, & ils enseignent le Peuple ;
qu'on les fit venir devant le Confeil, & qu'ils y dirent ces paroles mémorables : » Il faut obéir à
» Dieu plûtôt qu'aux hommes. Le
» Dieu de nos Peres à ressuscité
» Jesus que vous avez fait mourir
» sur sa Croix. Le bras de Dieu

» l'a élevé & établi Prince & Sau-
» veur pour accorder à Ifraël, la
» pénitence & le pardon des pé-
» chés ; & nous fommes témoins
» de ces chofes, ainfi que le S.
» Efprit que Dieu a répandu fur
» ceux qui lui obéiffent. « Saint
Paul, dis-je, réfifta à toutes ces
preuves, confentit & eut part
à la mort de Saint Etienne,
qui prêchoit les mêmes chofes &
les confirmoit par des miracles.
Ainfi loin qu'on le puiffe regarder comme un homme crédule,
& qu'il ait eu l'efprit difpofé à
ajoûter aifément foi aux miracles
opérés en faveur de la Religion
Chrétienne, il paroît qu'il avoit
contre elle les plus opiniâtres

préjugés ; d'où il est facile de
conclure, qu'il ne falloit rien
moins que des preuves irréfisti-
bles, fondées sur ses propres sens
& supérieures à tous les doutes
possibles, pour triompher de son
incrédulité.

Vanités.
Preuves de
sa modestie.

La vanité ou l'amour propre
est une autre qualité qui entre
dans le caractere de l'Enthou-
fiaste : elle mene naturellement
un homme d'un tempérament
ardent & dévot à se croire digne
d'une attention particuliere & de
faveurs extraordinaires de Dieu ;
aussi leur inspiration prétendue
n'est-elle souvent que le vent de
la vanité qui enfle leur imagination extravagante. C'est ce qu'il

l est aifé de remarquer dans les
écrits & les vies de quelques Hé-
rétiques Enthoufiaftes, dans certains Myftiques anciens & modernes, dans plufieurs fectaires
Proteftans des derniers tems, &
même encore aujourd'hui en
quelques methodiftes. Ces com-
munications divines, ces illumi-
nations, ces extafes pour la plûpart partent évidemment d'un
fonds d'amour propre exceffif,
qui travaille avec les vapeurs de
la mélancolie fur une imagination échauffée; & c'eft pour cette
raifon, qu'outre que rien n'eft
fi contagieux que la peur & la
mélancolie, l'Enthoufiafme ga-
gne fi aifément dans les efprits

foibles. Les efprits de cette trem-
pe font naturellement vains ; &
il fuffit qu'ils en voyent d'autres
prétendre à des dons extraordinaires , pour qu'ils fe flatent d'y
avoir part , auffi bien que ces
gens qu'ils ne croyent pas les
mériter mieux qu'eux. La vanité
peut donc être regardée avec juftice comme une des principales
fources de l'Enthoufiafme. Mais
pour peu que l'on ait lû les écrits
& la vie de Saint Paul , on fçait
combien fon caractere en étoit
éloigné. Il n'y a pas un mot dans
toutes fes Epîtres qui fente la vanité, & l'on n'en voit pas le moindre trait dans les actions qu'on
rapporte de lui.

Dans son Epître aux Ephé-
siens il se nomme lui-même *le
moindre des Saints* ; & dans sa premiere aux Corinthiens il dit
*qu'il est le dernier des Apôtres, &
qu'il ne mérite point d'être appellé
Apôtre , ayant persecuté l'Eglise
de J. C.* Et dans sa premiere à Timothée : » C'est, dit-il, une pa-
» role de foi & digne d'être reçue
» avec soumission , que Jesus-
» Christ est venu dans le monde
» pour sauver les Pécheurs , en-
» tre lesquels je suis le premier.
» Mais j'ai obtenu miséricorde,
» afin que je fusse le premier en
» qui Jesus - Christ fît paroître
» toute sorte de patience , pour
» servir de modele à ceux qui

Chap. 3.

Chap. 15.

Cap. 1.

» croiront en lui, pour avoir la
» vie éternelle. «

Il est vrai que dans la seconde
Epître aux Corinthiens, il dit
qu'il n'a été inférieur en rien aux
plus grands des Apôtres. Mais
considérons l'occasion qui lui a arraché ces paroles. Un faux Docteur employant contre lui l'intrigue & la calomnie, avoit fait révoquer en doute son Apostolat
parmi les Corinthiens. Ne pas
soutenir contre cette attaque la
dignité Apostolique, eût été trahir son devoir & la charge que
Dieu lui avoit confiée. Il étoit
donc forcé de se faire justice à
lui-même, & de soutenir ce caractere d'où dépendoit tout le
succès

ſuccès & l'efficace de ſon miniſtere parmi eux. Mais de quelle
maniere le fait-il ? Ce n'eſt point
avec cette vanité à laquelle ſe livre un homme orgueilleux, quand
il peut trouver l'occaſion de ſe
vanter, ni par un pompeux détail
des prodiges & des miracles,
qu'il avoit opérés dans les différentes parties du monde; mais
par une expoſition ſimple & mo-
deſte des travaux ſans nombre
qu'il avoit ſoufferts dans la Prédication de l'Evangile. Il ſe con-
tente de leur rappeller que *les
preuves de ſon Apoſtolat avoient
paru dans toute ſorte de patience, dans les miracles, les prodiges, & les effets extraordinaires*

2. Co. C.
12. V. 12.

N

de la puiſſance divine. Pouvoit-il rien dire de moins ; & cette maniere de ſe glorifier n'eſt-elle pas l'humilité même ? Il s'en excuſe pourtant pluſieurs fois, & leur répete ſouvent, que *c'eſt malgré lui qu'il parle de lui même,* encore que ce fût pour ſa défenſe. Lorſque dans la même Epître & dans la même occaſion il parle de ſon raviſſement au Ciel, avec quelle modeſtie ne le fait-il pas ? Il ne ſe nomme point lui-même. *Je connois,* dit-il, *un homme en Jeſus-Chriſt, qui a été ravi juſqu'au troiſiéme Ciel ;* & immédiatement après il ajoûte : *Je me retiens, de peur que quelqu'un ne m'eſtime au-deſſus de ce qu'il voit en moi, ou de*

ce *qu'il entend de moi.* Quoi de
plus contraire à l'esprit de vanité,
& à la pratique de ces Enthousiastes qui s'attribuent des ravis-
semens & des visions, & qui
croyant jamais n'en avoir assez
dit sur ce sujet, en remplissent des
volumes? Cette retenue ne suffit
pas encore à sa modestie : il y
ajoûte l'aveu de ses infirmités, &
reconnoît qu'elles lui ont été données comme un contrepoids, pour
empêcher que la grandeur de ses
révélations ne l'élevât outre mesure. Il est bon de remarquer ici
qu'il avoit eu ce ravissement ou
cette vision du Paradis quatorze
ans auparavant. Or si ce n'eût été
qu'une illusion, que l'effet d'une

imagination d'Enthouſiaſte, eſt-il à croire que pendant un ſi long intervalle de tems, il n'eût pas eu quelqu'autre raviſſement de cette eſpece; & ſi la vanité eût été ſon caractere, auroit-il gardé pendant quatorze ans un ſilence abſolu ſur une ſi glorieuſe marque de la faveur divine? Non: ſes Epîtres ne ſeroient remplies que de ces ſortes de viſions, de raviſſemens & d'extaſes. Mais il ne parle de cette viſion même que pour répondre à un faux Docteur, & renferme en trois phraſes tout ce qu'il en dit, s'excuſant ſouvent d'être obligé d'en parler. Il ne ſe fait pas même un mérite des ſuccès de ſes

travaux Apoſtoliques, qu'il releve principalement dans cette
Epître. Car voici comme il s'en
explique dans ſa premiere Epître à la même Egliſe. » Qu'eſt C. 3.
» Paul, & qu'eſt Apollon ? Ce ne
» ſont que les Miniſtres de celui
» en qui vous avez cru chacun
» ſelon le don qu'il a reçu du
» Seigneur. J'ai planté, Apollon
» a arroſé ; mais c'eſt Dieu qui a
» donné l'accroiſſement. Or celui
» qui plante n'eſt rien , ni celui
» qui arroſe ; mais Dieu ſeul qui
» donne l'accroiſſement. « Et dans
un autre endroit de la même Epî-
tre, il dit : » C'eſt par la grace C. 15. v.
» de Dieu que je ſuis ce que je   10.
» ſuis , & la grace qu'il m'a don-
N iij

» née n'a pas été ſtérile , mais
» j'ai travaillé plus que tous les
» autres, non pas moi toutefois ,
» mais la grace de Dieu avec
» moi. «

Il ſeroit inutile de rapporter ici d'autres preuves de la modeſtie de Saint Paul ; & je ne crains point d'aſſurer qu'il eſt impoſſible de produire aucun trait dans ſa vie , où l'on puiſſe remarquer quelque vanité , mais particulierement celle qu'ont tous les Enthouſiaſtes, d'élever leurs dons imaginaires au-deſſus des vertus qui font l'eſſence de la vraie Religion , & le mérite réel de l'homme de bien , ou pour parler comme l'Ecriture, *du Saint.* » Quand

« » je parlerois le langage des
» hommes & des Anges, dit-il
» dans sa premiere Epître aux
» Corinthiens, si je n'avois la
» Charité, je ne serois que com-
» me un airain sonnant & une
» cymbale retentissante; & quand
» j'aurois le don de Prophétie,
» & que je pénétrerois tous les
» mysteres, & que j'aurois une
» parfaite science de toutes cho-
» ses, & quand j'aurois toute
» la Foi possible & capable de
» transporter les montagnes,
» si je n'avois point la Charité,
» je ne serois rien; & quand j'au-
» rois distribué tous mes biens
» aux Pauvres, & que j'aurois li-
» vré mon corps pour être brûlé,

C. 13.

»fi je n'avois point la Charité,
»tout cela ne me ferviroit de
»rien. « Eft - ce là le langage
d'un Enthoufiafte ? Et où eft
l'Enthoufiafte qui préferât cette
bienveillance univerfelle, **qui**
comprend toutes les vertus (car
c'eft-là ce qu'on doit entendre
ici par la Charité, comme on le
voit par les Verfets fuivans ;) où
eft, dis-je, l'Enthoufiafte qui préferât cette bienveillance à la Foi
& aux miracles, aux opinions de
Religion qu'il auroit embraffées,
& à ces dons furnaturels qu'il
s'imagineroit avoir? Ne mettent-
ils pas tous les vertus morales in-
finiment au-deffous du mérite de
la Foi ? Et parmi les vertus mo-

srales, ne font-ce pas celles que
Saint Paul recommande le plus,
qu'ils eſtiment le moins, un eſprit de candeur, de modération
& de paix ? Trouve-t'on rien ici
qui approche du caractere ni des
opinions de ces Fanatiques ?
Quelle conſéquence en tirer, ſinon qu'un homme qui met la
Charité ſi fort au-deſſus des dons
miraculeux, ne ſe les feroit
point attribués ces dons, s'il ne
les avoit eûs réellement ?

Puis donc qu'on ne trouve
dans le caractere de Saint Paul
aucun des défauts qui ſemblent
néceſſaires pour former un Enthouſiaſte, on doit conclure qu'il
ne l'étoit pas ; mais en ſuppoſant

20.
Que quand
S. Paul au-
roit eu tou-
tes les qua-
lités néceſ-
faires pour
former un
Enthouſiaſte,
il n'auroit pû
ſe faire illu-
ſion ſur le
miracle qui
cauſa ſa Con-
verſion.

pour un moment, que toutes ces
difpofitions fe trouvoient en S.
Paul, & que la vivacité de fon
tempérament pourroit feule fervir de fondement à un pareil foup-
çon, je vais faire voir qu'il n'a
pû fe faire illufion, foit fur le miracle qui caufa fa Converfion,
foit fur les effets qui le fuivirent,
ou fur quelques autres circonftances qu'il rapporte dans fes
Epîtres.

L'imagination a affurément
beaucoup de pouvoir fur l'efprit
des Enthoufiaftes. Mais elle agit
fur eux conformément aux opinions dont ils font préoccupés ;
& il eft auffi rare qu'elle agiffe
contre ces opinions, qu'un fleu-

Difpofition
de Saint Paul
en allant à
Damas.

...ve rapide fasse remonter une barque contre son courant. Or il est sûr que quand Saul alla à Damas avec pouvoir de la part des Princes des Prêtres d'en emmener les Chrétiens liés à Jérusalem, pouvoir qu'il avoit sollicité lui-même, son esprit étoit fortement prévenu contre Jesus-Christ & ses Sectateurs ; & le souvenir de la conduite qu'il avoit tenue contre eux, la vanité de soutenir un parti qu'il avoit embrassé volontairement, le crédit que ce zéle lui donnoit auprès du Prince des Prêtres & des autres Magistrats, toutes ces passions devoient encore donner une nouvelle force à ses préjugés.

Si dans ces dispositions d'esprit un Enthousiaste se fût imaginé voir une vision céleste lui annoncer la colere de Dieu contre les Chrétiens, & lui commander de les persécuter sans miséricorde, on auroit pû croire que c'étoit une illusion d'une imagination échauffée. Mais que dans le même instant qu'il est occupé à les persécuter avec le plus de chaleur & de violence, sans qu'il soit rien arrivé qui ait pû le faire changer d'opinion, ou rallentir ses premieres dispositions, il se soit imaginé avoir été appellé par une vision céleste à être l'Apôtre de Jesus-Christ, qu'il regardoit un moment auparavant comme un imposteur & un blasphémateur, qui avoit été condamné avec justice à expirer sur la Croix, c'est ce qui est en soi absolument incroyable, & si éloigné d'être pris avec quelque vraisemblance pour l'effet d'un déreglement d'imagination, qu'il semble au contraire qu'une cause de cette nature devoit naturellement produire un effet tout opposé. La vivacité du tempérament l'emportoit avec violence d'un autre côté ; & quelques illusions que son imagination eût pû offrir à sa raison, elles devoient être conformes aux préjugés dont il étoit alors rempli, & non directement contradictoires à tous

ces préjugés , pendant qu'ils con-
servoient toute leur force.

Autre preuve. S. Paul n'étoit pas seul quand il eut cette vision.

La vérité de cette proposition
est si sensible & si claire , que je
pourrois en rester là ; mais allons
plus loin encore , & pour faire
voir que cette vision n'a pû être
un phantôme , une imagination
de Visionnaire , observons qu'il
n'étoit pas seul quand il la vit.
Il étoit acommpagné de plusieurs
autres Juifs , qui n'étoient pas
mieux disposés que lui à l'égard
des Chrétiens & de leur Religion. Or étoit-il possible que l'i-
magination de tant de gens se
trouvât en même tems assez fortement déreglée , pour qu'ils
crussent voir briller au tour

d'eux une lumiere plus éclatante que celle du Soleil, & entendre une voix qui venoit du Ciel, si réellement ils n'avoient rien vû ni rien entendu? Auroient-ils été frappés au point d'en être renverfés de deffus leurs chevaux avec Saul, & d'en perdre comme lui l'ufage de la parole, s'il n'étoit rien arrivé d'extraordinaire ni à eux ni à lui ; fur-tout cette apparition n'étant point arrivée la nuit, où il eft plus facile de faire illufion aux fens, mais en plein midi ? Quand Saul auroit été faifi d'un délire foudain, occafionné par quelque dérangement de l'efprit ou du tempérament, peut-on fuppofer que tous

ceux qui l'accompagnoient , &
qui fans doute avoient tous un
tempérament & un tour d'efprit
différent , ayent été tous enfem-
ble affectés de la même maniere ,
& que non-feulement le déreglement de leur imagination foit arrivé précifément dans le même
tems , mais qu'il ait produit exactement les mêmes effets ? Suppo-
fé que ce dérangement d'efprit
leur foit arrivé à tous au même
tems , comment ne leur a-t'il pas
préfenté des objets différens ?
Cette fuppofition eft fi contraire
à la nature & à toute forte de
vrai-femblance , que l'Incrédule
doit recourir à une autre folu-
tion , ou convenir de ce point.

Suppofons

Suppofons donc, pour expliquer cette vifion fans miracle,
que Saul & ceux qui l'accompagnoient allant à Damas, pendant qu'ils étoient en chemin,
virent effectivement un Méteore
extraordinaire, qui jetta, comme il arrive quelquefois, une
grande lumiere, & qu'effrayés à
cette vûe ils tomberent par terre,
ainfi qu'il eft rapporté. C'eft une
chofe très-poffible ; & ces fortes
de Méteores leur étant inconnus,
la crainte pouvoit leur faire prendre celui-là pour une vifion cé-
lefte. La voix même & le bruit
qu'ils entendirent dans l'air, pouvoit n'être qu'une explofion qui
l'avoit accompagné ; au moins y

O

a-t'il des gens qui aimeroient
mieux recourir à cette suppofition, toute incroyable qu'elle eft,
que de reconnoître ici un miracle. Mais dans cette suppofition,
que penfer des paroles que Saint
Paul entendit diftinctement, &
auxquelles il répondit ? Comment expliquer ce qui arriva enfuite à Damas, conformément
au fens de ces paroles ? Comment Ananias vint-il le trouver,
& lui dire qu'il avoit été choifi
de Dieu pour connoître fa volonté, voir le jufte & en entendre
la voix par fa bouche ? pourquoi
lui propofe-t'il de fe faire bapti-
fer ? Quelle connexion entre le
Méteore que Saul avoit vu, &

ces paroles d'Ananias ? Dira-t'on
que cet Ananias eut l'adreſſe de
profiter de la frayeur que Saul
avoit eue dans cette apparition,
afin de le rendre Chrétien ? Mais
put-il lui inſpirer auſſi la viſion
dans laquelle il l'avoit vu avant
qu'il vint chez lui ? Si cette viſion n'étoit auſſi qu'une illuſion,
qu'un ſonge, comment fut elle ſi
exactement vérifiée par l'événement ? Suppoſé même que ce fût
par hazard que Saul rêva qu'A-
nanias le viendroit trouver, &
que ce fût par hazard encore
qu'Ananias ſe tranſporta chez
lui ; ou ſi vous voulez, qu'ayant
oui parler du ſonge de Saul, il
ſçut en profiter auſſi bien que du

Méteore pour le gagner à la Foi
de Jesus-Christ ; seroit-ce affez
pour lever toute difficulté ? Non :
il y avoit encore quelque chofe
de plus à faire. Saul étoit frappé
d'aveuglement, & il refta dans
cet état pendant trois jours. Or
fi cet aveuglement eût été un effet naturel du Méteore, ou de la
maniere dont il avoit été envi-
ronné, auroit-il été poffible à
Ananias de le guérir, comme
nous voyons qu'il le fit feulement en lui impofant les mains,
& lui difant quelques mots ? C'é-
toit affurément une guérifon qui
furpaffoit les forces de la nature ;
mais fi. elle ne fut opérée que par
un miracle, ce miracle eft une

preuve que la vision avoit été
aussi un miracle fait par le même
J. C. Car Ananias voyant Saul   Act. 9. 17.
guéri, lui-dit : » mon frere Saul,
» le Seigneur Jesus qui vous a
» apparu, lorsque vous étiez en
» chemin pour venir ici, m'a en-
» voyé vers vous, afin que vous
» receviez la vûe, & que vous
» soyez rempli du Saint-Esprit. «
Qu'il ait vû Jesus-Christ alors &
dans une autre occasion, c'est ce
qui paroît non-seulement, parce qu'il rapporte Act. X X I I.
17. 18. mais aussi par plusieurs
autres passages de ses Epîtres. Ce
fut Jesus-Christ même, comme
il l'assure en plusieurs endroits de
ses Epîtres, qui lui enseigna l'E-

vangile par une révélation immédiate , & qui l'envoya aux
Gentils , Act. X X I I. 21.
X X I I I. 11. *parmi lesquels il*
précha depuis Jérusalem jusqu'en
Illyrie, opérant des miracles & des
prodiges par la puiſſance du Saint-
Eſprit pour amener les Nations à
l'obéiſſance de la Foi , comme il
l'atteſte lui-même dans ſon Epître aux Romains. Les Actes en
ont conſervé le récit ; & ces ſi-
gnes , ces prodiges ſont tels que
que la nature ne pouvoit les opérer , ni l'impoſture les contrefaire, ni l'Enthouſiaſme les imaginer. Cette ſuite de prodiges qui
tous ont une ſorte de liaiſon & de
dépendance avec la premiere ré-

révélation, ne met-elle pas la vérité de cette révélation hors de doute & de tout soupçon de supercherie ? Et quand il auroit pû se faire illusion à lui-même jusqu'au point de croire qu'il opéroit des miracles qu'il n'opéroit pas, ce qu'on ne peut supposer sans admettre en même tems qu'il avoit perdu l'esprit, comment un Enthousiaste, un Visionnaire auroit-il eu un succès si prodigieux que nous sçavons qu'eut Saint Paul dans la Conversion des Gentils ?

Les Incrédules auroient plus de peine à rendre raison des succès de Saint Paul, en le supposant Enthousiaste, qu'en le

donnant pour un impofteur. Ils
ne le peuvent, il eft vrai, dans
l'une ni dans l'autre de ces fuppo-
fitions ; mais ils auroient encore
plus de difficulté dans le premier
cas que dans le fecond. Je pourrois entrer dans le détail de tous
les miracles de Saint Paul, dont
il eft parlé dans les Actes, & faire
voir qu'ils font tels que l'illufion
ne peut y avoir eu aucune part,
foit en lui, foit dans les perfonnes fur lefquelles il opéroit ces
miracles, foit dans ceux qui en
étoient fpectateurs. Je me borne-
rai à quelques-uns. Il dit au Ma-
gicien Elymas à Paphos, devant
le Proconful Romain : » que la
» main de Dieu alloit le frapper,
&

« & qu'il ne verroit plus la lu-
» miere du Soleil pendant un
» tems. Auſſi-tôt les ténébres
» tomberent ſur Elymas, ſes yeux
» s'obſcurcirent , & tournoyant
» de côté & d'autre , il cher-
» choit quelqu'un qui lui donnât
» la main. » Je le demande ? L'illuſion a-t'elle pû avoir quelque
part au prodige , ſoit en celui qui
l'opéroit, ſoit en celui ſur qui
il étoit fait? Si Paul n'eût fait cette
menace que par un mouvement
d'Enthouſiaſte , & qu'elle n'eût
pas eu ſon effet , au lieu de convertir le Proconſul , comme elle
fit, elle n'auroit fait qu'exciter ſa
fureur ou ſon mépris. Mais ſi ce
miracle opéré ſur Elymas ne peut

P

être attribué à un mouvement d'Enthousiaste dans Saint Paul, il seroit bien plus déraisonnable encore de prétendre que ce ne fut qu'une illusion, qui fit croire à Elymas qu'il avoit été aveuglé par les paroles d'un homme à la Prédication duquel il s'étoit opposé de tout son pouvoir, s'il ne l'avoit pas été réellement. On ne sçauroit dire non plus que la Conversion de Sergius, qui arriva à l'occasion de ce miracle, ne fut aussi qu'une illusion de Visionnaire. Un Proconsul Romain n'étoit pas un homme à devenir Visionnaire & Enthousiaste; & s'il l'eût été, il en auroit été plus attaché à ses faux Dieux,

& par conséquent moins porté à croire Saint Paul revêtu d'un pouvoir miraculeux. Lorsqu'à Troade ce jeune homme nommé Eutichus tomba du haut d'une fenêtre pendant que Saint Paul prêchoit, & se tua, étoit-ce une illusion dans Saint Paul & dans l'assemblée, qui fit croire que cet Apôtre en l'embrassant l'avoit ressuscité ? Et dans ce jeune homme, étoit-ce aussi un effet de l'imagination de se croire ressusci-té ? Et quand dans l'Isle de Malte où Saint Paul aborda après son naufrage, une Vipere s'attacha à sa main, & qu'il la secoua sans en ressentir aucun mal, fut-ce encore une illusion de Visionnaire ? Un Enthoufiafte auroit peut-être été affez fou pour fe perfuader qu'il n'auroit eu aucun mal à craindre de la piqueure de cette Vipere, même fans y appliquer de remede. Mais l'efpérance dont il fe feroit follement flaté, l'auroit-elle empêché de mourir ? Les barbares qui habitoient cette Ifle, & auxquels S. Paul étoit abfolument inconnu, étoient-ils préparés par quelque mouvement Enthoufiaftique, à croire qu'il fe feroit quelque miracle pour le conferver? Au contraire quand ils virent la Vipere attachée à fa main, ils dirent : *affurément cet homme-là eft un meurtrier, puifqu'après avoir été*

Ac. 28.

fauvé de la mer, la vengeance divine ne peut le laiffer vivre. Je pourrois encore rapporter d'autres exemples ; mais ceux-ci fuffifent pour faire voir que les miracles de Saint Paul ne peuvent être attribués ni à l'enthoufiafme ni à l'impofture.

D'ailleurs le pouvoir d'opérer des miracles ne fe bornoit pas à Saint Paul ; il étoit communiqué aux Eglifes que cet Apôtre avoit fondées dans les différentes parties du monde. En plufieurs endroits de fa premiere Epître aux Corinthiens, il dit à ces nouveaux Chrétiens, qu'il y avoit parmi eux des vertus & des dons miraculeux, & il leur donne des pré-

Le don des miracles étoit communiqué aux Fideles. Autre preuve que ce n'étoit point une illufion.

ceptes pour en régler l'usage dans leurs assemblées. Or je le demande ? Tout ce qu'il leur dit sur ce point peut-il être regardé comme une illusion ? Et si les Corinthiens n'eussent été assurés que ces dons miraculeux existoient parmi eux, n'auroient-ils pas pris l'Auteur de cette Epître pour un extravagant, au lieu de le réverer comme un envoyé de Dieu ?

Si, par exemple, un Quaker dans une assemblée de gens de sa Secte, leur disoit que plusieurs d'entr'eux ont le don de guérir par l'esprit de Dieu, ceux-ci d'opérer d'autres miracles, ceux-là de parler diverses langues, ils

le regarderoient aſſurément comme un fou, parce qu’ils ne s’attribuent point de pareils dons.
Il eſt vrai que s’il leur diſoit qu’ils
ſont inſpirés de Dieu d’une certaine maniere ineffable, qu’ils
peuvent ſeuls entendre, & qui
ne ſe découvre au dehors, ni
par des prodiges ni par aucune
opération, ils pourroient prendre leurs viſions pour l’inſpira-
tion du S. Eſprit; mais ils ne pourroient croire contre leur propre
conviction qu’ils parleroient di-
verſes langues, s’ils ne les parloient pas en effet, ni qu’ils gué-
riroient les malades, s’ils ne les
guériſſoient pas, ni qu’ils fe-

roient d'autres miracles, s'ils ne
le faisoient pas. Dira-t'on que
les Corinthiens pouvoient s'attribuer ces dons surnaturels, ce
que les Quakers ne font pas ?
Mais je demanderai si de se les attribuer ces dons, c'étoit en eux
imposture ou illusion? S'ils étoient
tous des imposteurs, ainsique S.
Paul, n'est-il pas ridicule que
dans une lettre qu'il n'écrivoit
qu'à eux & pour leur usage particulier, il les avertisse de ne pas
s'en orgueillir de ces dons, de demander les uns plûtôt que les autres, & de préferer la Charité à
tous ? Des fourbes qui s'enten-
dent ensemble, se parlent-ils ce

langage? Aimera-t'on mieux dire que c'étoit par illusion qu'ils s'attribuoient ces dons miraculeux? Mais étoit-il possible, quelque illusion qu'on suppose dans Saint Paul & dans ces nouveaux Chrétiens, qu'ils se soient imaginé avoir un pouvoir de cette nature, s'ils ne l'avoient eu en effet?

Supposé qu'un Visionnaire se mette dans l'esprit, qu'il est capable de rendre par le moyen de quelques paroles la vûe à un aveugle, & la vie à un mort, cette opinion qu'il auroit de lui-même pourroit elle faire voir cet aveugle, marcher ce boiteux, revivre ce mort? Et si rien de tout

cela n'arrivoit, pourroit-il per-
fifter dans cette perfuafion ? Et
au cas qu'il y perfiftât, ne paffe-
roit-il pas pour un extravagant?
Or cette extravagance auroit-
elle pu entrer dans la tête d'un
auffi grand nombre de perfonnes, qu'il y en avoit à Corinthe,
qui, felon Saint Paul, étoient re-
vêtues du don de guerir les malades, & d'autres pouvoirs miraculeux? Un de ces dons qu'ils s'attribuoient, étoit de parler des langues qu'ils n'avoient jamais ap-
prifes ; & Saint Paul dit, qu'il
avoit ce don en un plus haut degré qu'eux tous. Si ç'avoit été
une illufion, s'ils n'avoient prononcé que de vains fons defti-

...ués de sens, ils s'en feroient sans doute apperçu quand ils en au-roient fait usage dans le besoin : par exemple, pour convertir quel-qu'un qui n'auroit pas entendu leur langue naturelle. Saint Paul en particulier qui fit tant de voyages dans ce dessein, & eut tant d'occasions de faire usage de ce don, auroit bien-tôt reconnu que c'étoit moins un don du S. Esprit, qu'une extravagance, un travers d'imagination. Au con-traire, si ceux à qui ils parloient différentes langues, compre-noient ce qu'ils vouloient dire, & par ce moyen étoient convertis à J. C. comment auroit-ce été une illusion ? De tous les miracles rapportés dans l'Ecriture, il n'en eſt aucun qu'on puiſſe moins ſoupçonner d'illuſion que celui-là. Et en effet ; un homme pourroit-il ſe perſuader qu'il auroit un tel pouvoir, s'il ne l'avoit pas réellement, ou comment s'il en étoit perſuadé, ne feroit-il pas détrompé en en faiſant l'eſſai ? Auſſi ne voit-on pas qu'aucun Enthouſiaſte ancien ou moderne ait jamais prétendu à un tel pouvoir. Saint Paul & l'Egliſe de Corinthe n'étoient donc point dans l'illuſion, en s'attribuant ce pouvoir miraculeux. Mais s'ils l'avoient véritablement, il eſt très-vrai-ſemblable qu'ils n'étoient pas trompés non plus ſur les autres puvoirs qu'ils s'attribuoient, le même Esprit qui leur avoit accor-é le don des langues, ayant pu & probablement voulu leur don-er aussi les autres pour servir à la même fin. Et par conséquent saint Paul en écrivant là dessus aux Corinthiens, & en s'attri-buant à lui-même & aux Eglises qu'il fondoit, des graces & des dons surnaturels, n'étoit ni un Enthousiaste ni un Visionnaire.

Voyons donc en dernier lieu, s'il avoit été trompé par d'autres, & si tout ce qu'il raconte de lui-même peut être attribué à l'arti-ice & à la supercherie de quel-ques Chrétiens. Il n'est pas né-cessaire de s'étendre fort au long

III.
Saint Paul n'a pu étre trompé par les Chré-tiens.

pour réfuter cette suppofition.
C'étoit une chofe moralement impoffible, que les Difciples de Jefus-Chrift conçuffent le deffein
de changer en Apôtre de Jefus-
Chrift leur plus ardent perfécu-
teur, & qu'ils en vinffent à bout
dans le tems même qu'il étoit le
plus animé contre leur Maître.
Etoient-ils affez extravagans
pour former un projet qu'il leur
étoit phyfiquement impoffible
d'exécuter, de la maniere au moins
dont fa converfion fut opérée ?
Pouvoient-ils produire dans l'air
une lumiere plus éclatante que le
Soleil ? Pouvoient-ils faire entendre à Saul la voix qui fortit
de cette lumiere, fans qu'aucun

le ceux qui l'accompagnoient
'entendìr ? Pouvoient-ils le rendre aveugle pendant trois jours
après cette vifion, & alors lui
faire tomber des écailles des yeux
& d'un mot lui rendre la vûe ? La
fraude & la fupercherie pou-
voient-elles produire de pareils
effets, & tous les autres miracles qui fuivirent fa Converfion,
miracles qu'il opéroit lui-même,
& qu'il cite dans fes Epîtres comme des preuves de la miféricorde
divine ? Il eft donc certain que
d'autres ne l'ont point trompé
fur fes miracles, & qu'on ne
peut les regarder ni comme des
illufions d'Enthoufiafte, ni comme des tours de charlatan &

d’impofteur. Donc ce qu’il prétend avoir été la caufe de fa Converfion, eft réellement arrivé. Donc la Religion Chrétienne eft vraie.

IV
Conclufion.

Cette conclufion, fuit clairement & inconteftablement des prémices ; & pour qu’on pût s’y refufer, il faudroit que pour expliquer tous ces faits fi autentiquement rapportés dans les Actes des Apôtres, & atteftés par Saint Paul même dans fes Epîtres, on pût en affigner quelque caufe différente de celle que nous avons produite. Or je ne crains point d’avancer, qu’il eft abfolument impoffible d’en affigner aucune autre. Il eft donc nécelfaire

de

de recourir à la puiſſance divine
pour les expliquer. Or que Dieu
opére des miracles pour établir
une Religion ſainte, qui n'auroit
pu autrement triompher des obſtacles qu'elle trouvoit, il n'y a
rien en cela qui répugne à la raiſon ; mais que des évenemens qui
n'ont de proportion avec aucune
cauſe naturelle ſoient arrivés ſans
miracles, c'eſt ce que la raiſon
ne ſçauroit ſe perſuader.

La reſſource des Payens & des
Juifs contre la notorieté des miracles opérés par Jeſus - Chriſt
& par ſes Diſciples, étoit de les
attribuer à la magie & au pouvoir des Démons. Mais cette ſo-
lution ne s'accorde guéres avec

les idées des Incrédules de notre
tems. Il feroit donc inutile d’entreprendre ici de montrer la fauffeté de cette fuppofition, qui eft
elle-même une forte preuve de la
vérité de ces faits, puifque dans
un fiécle fi voifin de celui des
Apôtres, Celfe, Julien, & tous
les autres ennemis de la Religion Chrétienne, dont le témoignage ne peut être récufé,
étoient obligés, pour expliquer
des faits qu’ils ne pouvoient pas
nier, de recourir à des moyens
auffi déraifonnables.

Ainfi la difpute n’étoit donc
point entre la foi & la raifon,
mais entre la Religion & la fuperftition. La fuperftition attri-

buoit à des termes de Cabale, ou
à des secrets magiques ces faits
qui portoient le caractere le plus
frappant de la puissance divine.
La Religion au contraire les attribuoit à Dieu même, & la raison se déclaroit pour elle. Quels
motifs pourrions nous donc avoir
maintenant de rejetter sa décision ? Sur quel fondement révoquer en doute le témoignage in-
dubitable qu'a rendu Saint Paul,
qu'il avoit été envoyé de Dieu
pour être le Disciple & l'Apôtre
de Jesus-Christ ? Nous avons démontré qu'on ne peut l'attribuer
ni à l'illusion ni à l'imposture.
Comment donc résister à la force, à l'évidence d'une preuve

auſſi convaincante ? La Doctrine
qu'il prêchoit contenoit — elle
quelque précepte contraire aux
bonnes mœurs, & à la Loi naturelle que Dieu a gravée dans
nos cœurs ? Je l'avoue , tous les
raiſonnemens que je viens de faire ne prouveroient pas que la
Doctrine de notre Apôtre ſeroit
venue de Dieu. Mais ceux mêmes
qui refuſent de reconnoître le
Chriſtianiſme comme une Religion révelée , conviennent que
la Doctrine enſeignée par Jeſus-
Chriſt & par ſes Apôtres eſt véritablement digne de Dieu. Ce
n'eſt donc qu'à cauſe des myſteres de l'Evangile qu'on en nie les
faits, quoique appuyés de toutes

les preuves qu'on regarde comme les plus incontestables & les plus convaincantes en tout autre cas, & qu'on ne peut rejetter dans celui ci, sans réduire l'esprit à un état de scepticisme absolu, & renverser toutes les régles par lesquelles nous jugeons de la vérité & de la crédibilité des autres faits. Mais c'est nous ôter l'usage de notre entendement sur des choses où nous sommes plus en état de nous en servir, pour l'appliquer à d'autres qui ne sont aucunement de sa compétence. Les motifs & les raisons sur lesquelles la sagesse divine juge à propos d'agir, & la maniere dont elle agit, sont presque toujours hors de la portée de nos conceptions. Mais les motifs & les raisons des actions humaines, & la maniere dont elles ont étéfaites, font toutes dans la sphere de nos connoiſſances, & nous pouvons avec une confiance bien fondée aſſeoir nos jugemens ſur ces actions, quand elles nous font clairement expoſées.

Réflexions ſur les difficultés que préſentent les myſteres de la Religion Chrétienne.

Oui, il eſt ſans comparaiſon plus probable qu'une révélation de Dieu ſur les voies de ſa providence contient des choſes incompréhenſibles à l'eſprit humain, que Saint Paul & les autres Apôtres ayent entrepris de perſuader tout l'univers de la Réſurrection de Jeſus-Chriſt, ſans n'en être eux-mêmes convaincus, ou qu'ils ayent pu réuſſir dans cette entrepriſe ſans le ſecours d'un pouvoir miraculeux. Je puis donner mon conſentement à la premiere de ces propoſitions ſans une oppoſition directe de la raiſon à la foi. Mais en admettant la derniere, je croirois contre toutes les probabilités qui peuvent nous déterminer raiſonnablement à croire.

Ceux qui rejettent la Religion Chrétienne à raiſon des difficultés que préſentent ſes myſteres, ne conſiderent pas combien cette objection a de force contre les autres ſyſtêmes de Religion & de Philoſophie, qu'ils admettent eux-mêmes. Le Déifme même, la plus fimple de toutes les Religions, renferme des difficultés que la raifon humaine ne peut réfoudre.

Telle eft l'origine du mal fous un Dieu tout-puiffant & tout bon; queftion fi obfcure & fi embaraffante, que dans l'impoffibilité de la réfoudre d'une maniere fatisfaifante, de grands Philofophes ont embraffé les extravagantes & monftrueufes opinions des Manichéens & des Athées. Telle la conciliation de la préfcience de Dieu avec la liberté de l'homme, à quoi Lock qui admettoit l'une & l'autre, avoue franchement qu'il n'a jamais pu réuffir.

réuffir. Or fi Lock y a échoué,
qui pourra fe flatter d'en venir à
bout ? Telle encore la création
du monde dans le tems, ou fa production éternelle : étant prefque
également difficile de comprendre par les feules notions Philo-
fophiques, qu'avant cette création la bonté de Dieu foit reftée
ftérile & fans agir pendant toute
une éternité ; ou de concevoir
une production éternelle, termes
qui en ce fens impliquent contradiction & fe détruifent : car la
comparaifon qu'on fait de cette
production éternelle avec l'émanation de la lumiere, n'eft point
du tout jufte, n'y ayant aucune
proportion entre l'une & l'autre.

R

La lumiere est une qualité inhérente du feu, & qui en émane naturellement : au lieu que la matiere n'est pas une qualité inhérente,
ou qui émane naturellement de
l'essence divine, & qu'elle est
au contraire d'une substance &
d'une nature toute différente, &
que n'étant point indépendante,
& ne pouvant exister par elle-
même, elle doit avoir été par
un pur acte de la volonté divine ;
or si elle a été créée, elle n'est
point éternelle, l'idée de création emportant nécessairement
celle d'un tems, où la substance
créée n'auroit pas existé. Que si
pour lever cette difficulté, on re-
court à la solution des anciens

Philosophes, de regarder la matiere comme indépendante, c'est
admettre deux principes exiſtans
par eux-mêmes ; ce qui eſt abſo-
lument contradictoire au vrai
Théiſme ou raiſon naturelle.
Mais quand on admettroit cette
ſuppoſition , elle ne leveroit
pas pour cela toute difficulté , à
moins qu'on ne ſuppoſe , outre
l'exiſtence éternelle de la matiere indépendamment de Dieu ,
que de toute éternité, & indépendamment de la puiſſance divine ,
elle étoit arrangée dans l'ordre
admirable où nous la voyons :
autrement la même difficulté re-
viendroit encore , parce qu'on
pourroit demander pareillement

pourquoi elle n'auroit point été arrangée de même long-tems auparavant, & comment la bonté de Dieu auroit pû rester si long-tems sans agir. Car quelque loin qu'on recule l'action par laquelle Dieu a créé ou arrangé la matie-re, & qu'au lieu de cinq ou six mille ans, on veuille supposer que des millions de millons de siécles se sont écoulés depuis que le monde a été tiré du cahos & a reçu cette forme réguliere, il sera toujours vrai qu'une éternité aura précedé cette époque, & que durant cette éternité les attributs divins ne se seront point manifestés dans cette œuvre bien-faisante, & qui leur convenoit

ſi bien, que la raiſon humaine
ne peut découvrir aucun motif
de délai. Mais ces difficultés, &
d'autres qui ſe trouvent dans le
ſyſtême des Déiſtes, ne ſuffiſent
point pour forcer un homme ſen-
ſé à nier l'exiſtence de Dieu, ou
ſa ſageſſe, ſa bonté, & ſa puiſſance infinie, dont il voit tant de
preuves qui portent avec elles la
conviction la plus entiere, &
auxquelles on ne peut refuſer de
ſe rendre ſans tomber dans de
plus grandes difficultés encore.
Le ſeul parti qui reſte donc, eſt
de répondre aux difficultés du
mieux qu'il eſt poſſible à notre
foible raiſon; & quand elle nous
manque, d'en avouer la foibleſſe,

& de nous repofer fur cette penfée bien vraie, que nos connoiffances imparfaites, comme elles le font, ne peuvent être ni la mefure de la fageffe divine, ni la regle univerfelle de la vérité. Il en eft de même par rapport à la Religion Chrétienne. La révélation renferme des difficultés que la raifon humaine ne peut réfoudre. Mais la vérité de la révélation étant établie fur des preuves fi folides & fi convaincantes, qu'on ne peut s'y refufer fans tomber dans des difficultés plus grandes que toutes celles qu'elle renferme, (je viens de le faire voir,) ces difficultés, quelque mortifiantes qu'elles puiffent être pour notre orgueil, ne suffisent point pour nous la faire rejetter : notre amour propre voudroit tout voir clairement ; mais Dieu n'a pas crû devoir proportionner nos connoissances à notre orgueil, mais à nos besoins. Tout ce qui concerne nos devoirs est clair ; & quant aux autres points, s'il s'y trouve quelqu'obscurité, est-ce un sujet raisonnable de nous plaindre ? Ne vouloir pas par un dégoût présomptueux jouir avec reconnoissance des lumieres que Dieu nous a données, parce qu'elles sont bornées, ne seroit pas moins ridicule, que de refuser de marcher parce qu'on ne peut pas voler.

C'eſt une ignorante & ſuperbe Métaphyſique, qui pour vouloir raiſonner ſur des matieres qui ſont au-deſſus de notre portée, a donné naiſſance à toutes les impiétés ſpéculatives, & à la plûpart des ſuperſtitions répandues dans l'ancien monde Payen, avant que l'Evangile eût ramené les hommes à la Foi primitive. De la même ſource ſont venues preſque toutes les altérations des vérités Evangéliques, & les préjugés les plus invétérés contre l'Evangile : effet auſſi naturel qu'il l'eſt à nos yeux de devenir trop foibles, & même de ne plus rien appercevoir, lorſqu'ils regardent des objets trop éloignés.

La raifon n'eft-elle donc d'aucun ufage dans la Religion ? Elle eft très-néceffaire, quand on fçait l'employer comme il faut. Or l'emploi de la raifon dans la Religion, c'eft d'écouter fes Miniftres chargés de nous l'enfeigner, de pénétrer le fens de fes myfteres, l'efprit & la liaifon qu'ils ont avec les preuves qui les établiffent. Si l'enfeignement publié les établit, les difficultés ne doivent plus nous empêcher d'y donner un plein confentement & une créance entiere. Jefus-Chrift a promis fon affiftance continuelle à ceux qui le repréfentent fur la terre pour enfeigner les hommes. Chercher

les meilleures solutions que nous
pouvons, & si cependant nous
n'en trouvions point de satisfai-
santes, nous soumettre avec humilité, & regarder comme juste
ce que nous sçavons être au-dessus de notre portée, & conforme
à une sagesse supérieure à la nôtre, voilà alors nos devoirs.

Si l'admirable lumiere de l'E-
vangile est quelquefois obscur-
cie par les nuages du doute, n'en
arrive-t'il pas autant à la lumiere
de la raison ? & faut-il nous pri-
ver des avantages de l'une ou de
l'autre, parce que nous ne pouvons dissiper toutes les obscurités dont elles restent couvertes
dans cette vie mortelle ? Faut-il
fermer imprudemment & opi-

miâtrément les yeux à cette Au-
rore qui nous a visités d'en haut,
parce que nous ne pouvons en
soutenir l'éclat ? Dans le Ciel
même, dans le plus haut dégré
de perfection où ún Etre fini
puisse atteindre, les conseils de
la Providence, toute la hauteur
& la profondeur de la sagesse infinie de Dieu, ne nous seront jamais découverts. Nous y trouverons des mysteres que les chœurs
sublimes des Archanges mêmes
ne pourront pénétrer, & des vérités qu'ils ne connoîtront que
par la révélation, ou qu'ils ne
croiront que par une confiance
respectueuse en la sagesse divine.
Quel homme donc oseroit se flater sur la terre, que son intelli-

gence bornée & étroite suffit pour l'instruire de toute vérité, sans avoir besoin de la révélation enseignée par les Maîtres en Israël, ou se plaindre de ce que les voies de Dieu ne ressemblent pas à ses voies, & surpassent ses foibles idées ? La vraie Philosophie, comme le vrai Christianisme, nous dicte un parti plus sage & plus modeste : c'est de nous tenir dans les bornes que Dieu nous a prescrites, & d'abaisser les idées humaines, renversant toute hauteur qui s'éleve contre la science de Dieu, & réduisant tous les esprits en servitude sous l'obéissance de J. C. & de son Eglise.

FIN

DISCOURS

SUR L'EXCELLENCE
INTRINSEQUE
DES
S^{tes.} ECRITURES.

PREMIER DISCOURS.

I. PIERRE. III. 15.

*Soyez toujours préts à répondre à qui-
conque vous demandera raifon de
l'efpérance qui eft en vous.*

OUTES les grandes
vérités ont entr'elles
un enchaînement, &
une liaifon merveilleufe. Qu'il

y ait un Dieu, c'est un point que
démontrent incontestablement
les traits d'une sagesse sans bornes , qui éclatent dans toute
l'œconomie de la Nature. Tout
l'Univers est à cet égard un
vaste & superbe temple où ,
comme autrefois dans celui des
Juifs , la Majesté de Dieu se fait
sentir avec une éclat & une gloire qu'on ne peut méconnoître.
Les mêmes preuves qui établissent notre existence , démontrent celle de Dieu. Car comment prouvons-nous qu'il y a dans
l'homme un principe de vie ?
N'est-ce pas parce qu'il se meut,
qu'il pense & qu'il agit ? Si nous
concluons de ces opérations qu'il

y a en nous un principe vivifiant,
qui meut & qui fait agir nos
corps, ne devons-nous pas conclure de même des merveilles
que l'Univers étale à nos yeux,
qu'il est un Etre qui anime & vi-
vifie toute la nature ? La matiere
ne peut exister nécessairement ;
car un Etre qui existe nécessairement, existe immuablement, &
ne peut jamais être que ce qu'il
est. Or la matiere n'a point de
maniere d'être uniforme & cons-
tante : elle est sujette au change-
ment, & reçoit à chaque instant
de nouvelles modifications. La
variété infinie que nous remarquons dans l'Univers & qui annonce tant de sagesse, n'est pas

moins incompatible avec le sys-
tême d'une matiere privée d'intelligence , que la régularité ,
l'uniformité , le dessein & les
vûes avec le hazard.

Or s'il y a un Dieu, il faut
qu'il y ait une Religion , ou ,
pour m'exprimer en d'autres termes, l'homme, indigente & dé-
pendante créature, doit quelque
hommage à son grand & tout-
puissant Créateur, conservateur
& bienfaiteur ; & s'il y a une
Religion nécessaire , elle doit
être pour le plus grand nombre
des hommes & à leur portée. La
Religion Naturelle, ou cette Religion que la lumiere de la Nature nous découvre, est-elle donc

assez

aſſez proportionnée à l'intelligence de la plûpart des hommes?
Non, ſans doute. Suivre un certain nombre de dogmes & de
préceptes, depuis le principe d'où
ils partent juſqu'à leurs conſé-
quences les plus reculées, c'eſt
une choſe au moins d'une extrême difficulté pour les gens éclairés, & que je ne crains pas de dire
impraticable aux ignorans. D'ailleurs un ſyſtême de Religion pu-
rement naturelle a peut-être pû
exiſter dans les idées de quelques eſprits abſtraits & contemplatifs ; mais eſt-ce une choſe
qu'on ait vûe réellement établie
chez aucune Nation depuis que
le monde exiſte ? Cependant, au-

S

tant qu'il est certain qu'il y a un
Dieu, autant l'est-il qu'il exige
de l'homme la créance & la pratique d'une Religion ; la créance
d'une Religion, & une conduite
conforme à cette créance, étant
nécessaire au bonheur du genre
humain ; & autant qu'il est certain que Dieu veut la créance &
la pratique d'une Religion, autant l'est-il encore qu'il veut la
créance & la pratique de la véritable. Or quelle Religion dans
le monde égale la Révélation
Chrétienne, ou en approche ?

Ces réflexions & autres semblables peuvent nous mettre jusqu'à un certain point *en état de
répondre*, comme l'exige l'Apô-

tre, *à quiconque nous demanderoit raifon de l'efpérance*, ou, car c'eft ce que ce mot fignifie ici, *de la Foi qui eft en nous.*

Ce feroit entrer dans une trop vafte carriere, que d'entrepren-dre de juftifier toutes les preu-ves de la Révélation. Je me bor-nerai donc ici à celle qu'on peut tirer de l'excellence intrinfeque de la Religion révelée; & pour remplir cet objet, je confidére-rai l'excellence intrinfeque de la Religion révelée. 1°. Dans les idées & les connoiffances quelle nous donne de la Divinité; 2°. Dans le plan admirable de mo-rale quelle nous propofe, & les motifs puiffans qu'elle nous pré-

sente pour nous encourager à **y**
conformer notre conduite.

1°. Voyons donc d'abord
qu'elles idées elle nous donne de
la nature divine. Dieu, nous dit-
elle, *est amour*, c'est-à-dire *une*
source inépuisable de bonté. C'est
par lui, comme grand & tout-puissant Créateur, que *tout a été fait* ;
par lui, comme grand & tout-puissant Conservateur, que *tout subsis-*
te ; *& à lui*, comme fin & centre de
tous les êtres, que *tout se rapporte*.
Il est celui qui est : c'est-à-dire
l'Etre indépendant, absolu, nécessaire ; par opposition aux créatures, qui tiennent de sa bonté
leur existence, & qui en comparaison de lui méritent à peine le

nom d'Etres : *mille ans sont à ses yeux comme un jour, & un jour comme mille ans.* Il n'a fait que di-re, *Que la lumiere soit; & la lumiere a été : il a commandé, & tout a été fait.* Ne sont-ce pas là les plus no-bles idées qu'on puisse se former du plus noble des Etres? Et qui ne sent dans ces expressions cette naturelle & négligée, mais gran-de & sublime simplicité, qui l'emporte sur les ornemens pom-peux des Ecrivains profanes ; comme la beauté naturelle *dont le Pere Céleste pare les lys,* sur la richesse & la magnificence *des vêtemens de Salomon dans sa gloi-re?* Ces idées, grandes & subli-mes par elles-mêmes, n'ont au-

cun besoin qu'une pompe extérieure releve leur éclat. Dans
d'autres rencontres, on voit les
Ecrivains sacrés étaler toutes les
richeffes & déployer toute la force de l'éloquence : Job, par exemple, en décrivant le pouvoir infini de Dieu dans la création & l'ar-
rangement de l'univers, & S. Paul
en parlant de l'amour de Dieu ma-
nifefté par la Rédemption des
hommes ; non que ces faints Per-
fonnages ayent couru après la
gloire de l'expliquer éloquem-
ment, mais parce que quand l'efprit de Dieu venoit à les faifir
& à remplir leurs efprits de
grandes idées, il fe préfentoit
naturellement à eux des expref-

fions qui répondoient à l'éleva-
tion de leurs pensées, & propres
à les revêtir dignement : de mê-
me que dans la Transfiguration, *quand le visage du Sauveur parut brillant comme le Soleil, ses vête- mens devinrent aussi blancs que la neige.*

Les Cieux, lisons-nous enco-
re, *les Cieux annoncent la gloire de Dieu, & le Firmament montre à nos yeux l'ouvrage de ses mains. Celui qui a fait l'œil, ne verra pas ? celui qui a placé l'oreille, n'enten- dra pas ? Le Ciel & les Cieux des Cieux ne peuvent le contenir. L'U- nivers est devant lui comme un ato- me, une goutte d'eau ; & il en pese la masse immense comme le poids*

léger qui fait pencher une balance.
Il peut à fon gré tourner auffi aifé-
ment les cœurs de tous les hommes,
que le cœur d'un feul. Ces paffa-
ges, & tant d'autres qui ravi-
roient d'admiration dans les Auteurs profanes, on les lit froi-
dement & avec indifférence,
parce qu'ils fe trouvent dans un
livre qu'il n'eft que trop ordinaire
de dédaigner. Car quoique les
hommes prétendent penfer par
eux-mêmes, de mille à peine en
eft-il un qui le faffe, même dans
les Jugemens qu'ils portent des
Ouvrages qu'ils lifent. Ils ne fui-
vent point de regle fixe dans
leurs décifions fur le mérite des
Ecrivains ; mais ils approuvent

ou

ou condamnent selon la mode
& les préjugés de leur siecle.
Autrement il y auroit assurément
autant d'admirateurs que de lec-
teurs de Moyse, de l'Auteur de
Job, de David, d'Isaïe & de
Saint Paul; Ecrivains admirables qui semblent n'avoir imité
personne avant eux, & dont
personne après eux n'a été capable d'égaler la rapide & sublime éloquence.

Les Auteurs des Langues mor-
tes que nous regardons comme
les plus parfaits modeles de bien
écrire, perdroient tant à être traduits littéralement, que nous n'au-
rions pas la patience de les lire
avec quelque attention. Les Ecri-

T

tures ont été traduites mot pour
mot & avec la plus scrupuleuse
exactitude, & malgré ce désavan-
tage, elles méritent encore la plus
haute admiration ; preuve certaine qu'elles ont cette énergie de
beauté, que l'habit même sous lequel elles paroissent en quelque
sorte travesties, ne peut cacher ni
défigurer entierement; & ce sens,
cette substance solide, qui comme l'or pur ne peut se perdre ni
s'évaporer, quoique fondu ou
dissous, mais conserve toujours
son premier poids. Quelques
Ecrivains ont peut-être peint
avec plus de grace & de délica-
tesse; aucun ne l'a fait avec des
traits plus hardis ni plus vigou-
reux.

Voyez quelle différence entre
ces deux paſſages, l'un des Pſeau-
mes, l'autre de Platon ſur le même ſujet. » Quand vous ſeriez ca-
» ché dans les plus profondes ca-
» vernes de la terre ; quand vous
» auriez des aîles , & que vous
» vous envoleriez au haut des
» Cieux ; quand vous ſuiriez aux
» extrémités du monde , & que
» vous vous retireriez au fonds
» des Enfers, ou dans quelque lieu
» plus terrible encore , la Pro-
» vidence divine vous y fai-
» ſiroit. « Ainſi s'exprimoit le
grand Platon, ce Philoſophe ſu-
blime , qui de l'aveu de tout le
monde a eu les plus hautes idées
de la divinité , & en parloit avec

le plus de noblesse & d'éleva-
tion. Mais qu'il est encore au-
dessous du passage des Pseaumes
qu'il semble avoir eu en vûe!
Où irai-je, pour me soustraire à vos
yeux ? Où fuirai-je, pour éviter
votre présence? Si je monte au Ciel,
vous y êtes ; si je descends dans
l'Enfer, vous y êtes aussi. Quand
j'aurois des aîles, & que prenant
l'essor dès le point du jour, je fui-
rois aux extrémites de la mer, ce
seroit votre main qui m'y condui-
roit, & je ne pourrois lui échapper.
Si je dis : peut-être les ténébres
pourront me cacher; la nuit se
changeroit en jour : les ténébres
n'ont rien d'obscur pour vous, la
nuit est à votre égard aussi claire

que le jour, & la lumiere & les
ténebres font égales à vos yeux.

Si le Philofophe a imité le
Pfalmifte, la copie eft bien inférieure à l'original : c'eft comme
un fecond Arc-en-Ciel, foible
réflexion du premier, & où les
couleurs quoique les mêmes, ne
font ni auffi vives ni auffi écla-
tantes, que dans celui *qui couron-
ne le Ciel d'un cercle glorieux, &
que bandent les mains des hautes
montagnes.*

Ceux qui fe flattent d'avoir du
goût peuvent vanter ces endroits
du Poëte ; *la nuit enveloppe de
fon ombre le Ciel & la terre, & les
ftratagémes des Grecs.* Mais ce
paffage des Pfeaumes n'eft-il pas

T iij

d'une beauté encore plus frappante? *Dieu*, dit le Roi Prophête, *appaise la fureur de la mer & le bruit de ses vagues, & les emportemens du Peuple soulevé.* Il y a dans ces deux passages un assemblage d'idées qui, sans être forcé ni affecté, frappe & étonne l'esprit. Le Ciel, la Terre, & les stratagêmes des Grecs, dans le premier; la fureur de la mer & les fougueux emportemens d'une populace ameutée, dans le second, se trouvent réunis d'une maniere aussi inattendue que naturelle. Mais ce dernier, outre cette beauté, est encore remarquable par le sens sublime qu'il renferme. Les plus sages Politiques, quand le Peuple se souleve, comme les plus habiles Pilotes quand la mer est en fureur, ne sçavent plus que faire. *Ils se troublent, ils chancellent, & toute leur sagesse ne peut leur fournir de ressource.* Celui qui seul peut dire à la mer irritée, *tu arrêteras ici tes flots orgueilleux*, peut aussi calmer à son gré les fureurs d'une Populace mutinée, & dire, *tu viendras jusqu'ici, & tu n'iras pas plus loin.*

Disons un mot des sentimens ; c'est ce qui contribue davantage à rendre les vérités touchantes, & à en pénétrer les cœurs. Quand le cœur n'égale pas l'esprit, tout ce qu'on peut dire s'évapore en vaines spéculations, qui peuvent bien éclairer l'entendement , mais qui sont incapables de remuer la volonté. Au contraire , dès que ce qu'un Auteur écrit part du cœur, le Lecteur partage le feu dont l'Ecrivain est animé, & sent son ame embrasée de la même ardeur. En voici un exemple tiré d'Isaïe entre une infinité d'autres. *Sion dit : le Seigneur m'a abandonnée , le Seigneur ne se souvient plus de moi. Hé ! Une mere peut-elle oublier son enfant à la mammelle , & n'avoir pas pitié du fruit de ses entrailles ? Oui, quand elle pourroit l'oublier , je ne t'oublierois pas , ô Sion.* C'est ainsi que Dieu exprime son amour

& sa tendresse pour son Peuple. Quels termes plus énergiques & plus touchans ? Ecoutez encore de quelle maniere le Psalmiste nous propose Dieu comme notre souverain bien, en qui nous devons mettre toute notre confiance, & à qui toutes nos affections doivent tendre comme à leur centre. *Que puis-je aimer au Ciel, ou désirer sur la Terre, que vous, ô mon Dieu ! Je sens ma chair, & mon cœur défaillir ; mais mon Dieu est la force de mon cœur & mon héritage pour toujours.* Quoi de plus propre que ces paroles, à soutenir une ame abbatue sous les infirmités & les débris du corps expirant, & à suspendre

ou charmer les douleurs de la
mort? Non, les Saintes Ecritures ne resfemblent point à tant
d'Ouvrages qui traitent de l'existence & de la nature de Dieu
d'une maniere froide & indiffé-
rente : au même tems qu'elles
éclairent l'esprit, elles enflam-
ment le cœur, & en remuent puis-
famment les plus intimes res-
forts.

Peu d'Ecrivains ont parlé dignement de cet Etre tout-puis-
fant & suprême, *qui a dit, & tout*
a été fait, qui a commandé, & tout
a été créé. Il n'y a gueres, disons
le hardiment, il n'y a que ceux
qui ont tiré du fonds des Ecritures leurs sentimens & leurs

pensées, & enlevé ce feu du Ciel
pour en animer leurs Ecrits :
réflexion qui suffiroit presque
pour nous persuader, que celui
qui est le sujet de ces sublimes
pensées de l'Ecriture, en est aussi
l'Auteur.

Quant à la gloire de Dieu
& aux récompenses de l'autre
vie, je ne crains point d'avancer que les derniers efforts de
l'intelligence humaine, ni la force d'expression la plus énergique,
ne peuvent aller là-dessus au-
delà des Ecrivains sacrés. Si l'on
pouvoit produire un Ouvrage, où
avant la naissance du Christianisme toutes les perfections de
la divinité eussent été dévelop-

pées avec autant de grandeur
& de sublimité, chaque point de
morale exposé avec autant de pré-
cision & de netteté , & les con-
ditions de notre salut fixées aussi
clairement que dans l'Ecriture ;
nos prétendus esprits-forts auroient quelque apparence de raison à dédaigner la révélation.
Mais ces ennemis du Christianisme sçavent bien qu'ils n'ont
rien de pareil à nous offrir ; ils
sçavent que la Religion Chrétienne contient des motifs de
vraie sainteté , plus forts & plus
puissans qu'aucune des Religions
qui l'ont précedée , & aussi pressans qu'aucune autre puisse jamais
en proposer : ils sçavent que con-

tente de ſes propres charmes,
elle ne craint point qu'une autre
l'éclipſe, & n'a pas beſoin d'ornemens & de parures pour re-
lever ſon éclat & ſa beauté.

La Création ſeule peut fournir
un nombre infini de preuves inconteſtables de la puiſſance, de
la ſageſſe & de la bonté du Créateur. Mais il faudroit y réflechir,
& raiſonner long-tems, pour pouvoir en tirer une démonſtration
du point qu'il nous importe encore plus de connoître ; la miſé-
ricorde de Dieu pour les pécheurs repentans. Que nous ſer-
viroit qu'on nous prouvât la bonté de Dieu pour le monde en général, ſi l'on ne nous prouve en

même tems fa bonté pour nous, c'eft-à-dire, pour *de miférables Pécheurs* : car voilà ce que nous fommes tous. Otez les Ecritures, vous ne pourrez tirer d'aucun fait des preuves claires & convaincantes de la miféricorde de Dieu pour les Pécheurs convertis. Les argumens Métaphyfiques prouvent peu en ce genre ; mais quand ils feroient plus concluans, ils font trop abftraits pour faire fur notre efprit une forte & durable impreffion. Une déclaration expreffe&autentique de la part de Dieu eft d'un bien plus grand poids & plus capable de nous raffurer, que les plus fub_ tiles conjectures. Auffi dans l'Encriture, le Dieu des Chrétiens n'est pas seulement leur Créateur & leur Conservateur, un Etre revêtu d'une puissance inépuisable & d'une sagesse sans bornes ; il est encore *le Dieu des miséricordes & de toute consolation, qui ne veut pas qu'aucun périsse, qui prend pitié de nous comme un pere de ses enfans, qui guérit les cœurs brisés,* qui nous délivre de l'esclavage de la corruption par sa grace, & nous préserve du châtiment par ses mérites. Voilà le Dieu que devoient souhaiter des créatures coupables ; & c'est le Dieu que l'Ecriture, conforme en tout à nos besoins, nous représente & nous annonce.

Quelle Religion encore a donné des idées plus juſtes de la
dignité tout à la fois & de la baſ-
ſeſſe de l'homme ? La révélation
qui nous apprend que nous avons
été faits à l'image du Créateur,
que nous devons être un jour les
héritiers de ſa gloire, & tant
d'autres vérités propres à nous
inſpirer la noble & vertueuſe ambition de vivre d'une maniere
conforme à la dignité de notre
nature, & à élever les eſprits les
plus groſſiers & les plus bas ;
cette même révélation nous en-
ſeigne d'un autre côté, que nous
ne pouvons rien de nous-mêmes
& ſans la cooperation de la grace ; que nous ne méritons que

par

par les mérites du Sauveur, & une
infinité d'autres principes capables d'imprimer pour toujours
dans nos cœurs le sentiment de
notre dépendance, & d'humilier
les esprits les plus superbes & les
plus hautains. Ainsi la Religion
Chrétienne qui nous donne les
plus aimables, comme les plus no-
bles & les plus augustes idées de
Dieu, nous montre aussi tout à la
fois la grandeur & la bassesse de
la nature humaine ; l'une, pour
exciter les efforts des bons, &
l'autre, pour abbattre l'orgueil
des présomptueux. Ceci me con-
duit à considérer en second lieu
l'excellence intrinseque de la révélation & des Saintes Ecritu-

res , dans le plan admirable de morale qu'elles nous proposent , & les motifs puissans sur lesquels elles l'établissent.

Il est des vérités fécondes , qui en renferment en elles-mêmes un grand nombre d'autres , & d'où il est facile de tirer de salutaires & utiles conséquences. Ce sont ces vérités sur-tout, que les Saintes Ecritures nous proposent avec un soin particulier. Tel est le précepte d'aimer Dieu de tout notre cœur , tel celui d'aimer notre prochain comme nous-mêmes, ou, ce qui est la même chose, de faire aux autres tout ce que nous voudrions qu'ils nous fissent , si nous étions dans le même cas. Ce dernier

précepte suffit seul, pour nous décider dans toutes les circonstances, où nous pouvons nous trouver par rapport au prochain. Il
est le fondement de l'équité, de
l'honnêteté, de la bienséance &
de la charité ; & c'est un de nos
plus pressans devoirs, d'avoir souvent dans l'esprit ces principales
& importantes vérités, parce
qu'elles ne se présentent jamais
qu'avec une suite nombreuse
d'autres vérités qui en dépen-
dent, comme le Soleil est toujours accompagné dans sa course
d'une suite brillante de Planetes,
qui lui sont subordonnées, & qui
reçoivent de lui leur lumiere.

L'Ecriture nous marque exac-

tement tous nos devoirs en général, parce que la nature corrompue est lente à les découvrir.
Les bornes de ces devoirs n'y
sont pas marquées de même, parce que nous sommes naturellement assez portés à les chercher,
& à en mettre plûtôt où il n'y en
a point, que de n'en pas trouver
où il y en a réellement. L'objet de la révélation est donc
moins d'établir exactement & de
point en point la théorie de la
morale, que d'exciter nos cœurs,
à la pratiquer par de fortes &
touchantes considérations. C'est,
par cette raison que l'Ecriture
s'arrête aux maximes générales,
sans entrer dans de menus dé-

tails : car fi l'amour de la vertu
n'étoit pas dans nos cœurs , en
vain nous feroit-on connoître
les moindres particularités de
nos devoirs ; nous ne les en ob-
ferverions pas mieux. Une connoiffance générale du devoir fuffit à un cœur droit ; la plus précife & la plus détaillée eft inutile aux méchans.

Dieu, qui nous connoît, a réglé fa
révélation fur nos befoins : il s'eft
attaché particulierement à nous
donner ce qui nous manquoit davantage ; & c'eft pour cela, que
l'Ecriture nous explique avec plus
d'exactitude & de foin les points
de la morale qui répugnent le plus
à la nature corrompue: auffi quoi-

qu'on se plaigne que les Saints
Livres ne sont ni assez clairs, ni
assez précis sur quelques points,
on se plaint encore plus, qu'ils le
soient trop sur certains devoirs
qu'ils prescrivent, & certains vi-
ces qu'ils défendent, sur lesquels
les mondains voudroient être
plus à leur aise. L'activité de certaines passions importunes y est
réprimée ou resserrée dans des
bornes étroites , & les vertus
qui y sont le plus souvent recom-
mandées , sont précisément celles qui manquoient au monde
Payen, & qu'il ne connoissoit pas
même ; l'amour de Dieu, la bienveillance universelle , le pardon
des injures , la douceur , la pa-

tience, une pureté & une chaf-
teté inviolables. Une chofe qui
leur eft propre, c'eft de retrancher nettement aux Pécheurs
l'efpérance de pouvoir compen-
fer le violement habituel de quelque commandement, par l'ob-
fervation des autres. Car l'Ecriture nous déclare que quiconque
péche en un feul point délibere-
ment, n'obferve aucun de fes
devoirs par une vûe de Dieu pure & fincere, feul véritable principe de vertu & de mérite :
grande & importante vérité, in-
connue aux Ecrivains profanes.
Où trouve-t'on dans ces Auteurs *l'adoration de Dieu en ef-*
prit & en vérité ? Où y lit-on le

précepte de l'humilité dans toute
son étendue, ou celui de faire
l'aumône en secret, afin que *no-*
tre Pere qui voit dans le secret, nous
en récompense? C'est pourtant la
preuve la plus distinctive de la
vraie vertu. Toutes ces qualités
brillantes que le monde admire,
la générosité, la valeur, &c. peuvent partir d'un principe de vaine gloire ; mais des actions ver-
tueuses, faites en secret, ne peuvent être soupçonnées de mau-
vaises vûes, ni avoir d'autre motif que celui de plaire à Dieu.
Avant la naissance du Christianisme, l'homme les bornoit à
aimer ses amis, ses proches, son
pays. Le Philosophe même qui a

eu

eu fur la morale les vûes les plus
étendues, Socrate s'exprime ainfi.
,, Quand les Grecs & les Barbares
,, combattent les uns contre les au-
,, tres, c'eft proprement une guer-
,, re, parce qu'ils font ennemis par
,, nature. Mais quand les Grecs
,, qui font naturellement amis fe
,, font la guerre , c'eft un défor-
,, dre qui n'eft point naturel. ,,
Ainfi Socrate , cet homme fi
éclairé d'ailleurs , recomman-
doit un attachement à la Patrie
exclufif du refte du genre humain, contre qui il admettoit une
inimitié naturelle. Mais la Religion Chrétienne n'a pas moins
aggrandi la fphere de nos affections , que celle de nos connoif-

X

fances ; & l'amour du Prochain
qu'elle nous recommande, a tout
à la fois autant d'étendue que
la lumiere du Soleil & d'activité
que fa chaleur. Nos affections
font comme fes rayons, qui
dangereux & nuifibles quand ils
tombent réunis fur un même
point, raniment & vivifient la
nature lorfqu'ils fe répandent au
loin. Le Chriftianifme nous apprend également à aimer tous les
hommes & à n'en craindre aucun ; & au même tems qu'il ré-
prouve toute honteufe & baffe
paffion, il établit & maintient
tous les mâles, nobles & fublimes
principes de vertu dont la nature
humaine eft capable. Un amour

auſſi étendu , auſſi univerſel , devoit être preſcrit par cet Etre qui
eſt amour & charité , & qui renferme en lui la plénitude de toutes les perfections aimables.

Les autres Ecrivains cherchent par-tout à s'élever au-deſſus des idées communes ; les Auteurs Sacrés, lors même qu'ils s'a-
baiſſent à la portée des eſprits les
plus groſſiers, ſçavent éclairer les
plus ſublimes. C'eſt ce que nous
voyons dans la parabole du Sa-
maritain , du Serviteur dur &
ſans pitié , de l'Enfant Prodi-
gue , du Vigneron & de la Brebis du Pauvre ; où à travers les
voiles de l'allégorie, nous apper-
cevons les grands principes de la

morale, comme on apperçoit de belles peintures au travers de la glace qui les couvre sans les cacher. Les vérités spirituelles les plus importantes, ainsi que dans la parabole de l'yvraie, deviennent palpables sous ces images familieres & senfibles ; c'est une forme visible, un corps dans lequel, si j'ose le dire, elles s'incarnent comme leur grand Auteur.

De cette vûe générale du plan de morale contenu dans l'Ecriture, passons à ce qui fait l'objet principal des Ecrivains Sacrés ; je veux dire aux fondemens sur lesquels ils l'établissent, ce plan, & aux motifs de vertu qu'ils nous proposent.

Ce n'est pas fur une complai-
fance actuelle en nous-mêmes, ni
fur des motifs temporels de convenance, que les Livres infpirés
établiffent la vertu ; mais fur fon
vrai fondement, la volonté de
Dieu comme Juge & Rémunéra-
teur. Pratiquer la vertu fans intérêt, & fans égard à notre bonheur préfent ou avenir, c'eft courir plûtôt après une belle idée,
qu'après un bien folide & réel.
L'aimer pour notre plaifir & notre bonheur préfent, ne peut fonder une obligation fuffifante de
la pratiquer conftamment : car le
plaifir & la vertu ne font pas toujours réunis, & l'acte réflechi
par lequel un homme s'applau-

dit des sentimens génereux qu'il a, ou des bonnes actions qu'il fait, peut être aisément interrompu & arrêté par les cris pressans d'une passion violente & insatiable, ou par quelque calamité ou douleur extraordinaire. Ces belles idées de vertu pure & désinteressée, dans les ames mêmes qui en paroissent le plus capables, ames bien rares, brillent comme *les fleurs des champs*. Elles flattent quelque tems la vûe; *mais dès qu'un vent orageux vient à fondre dessus, elles sont emportées, & on a peine à en reconnoître la place.* D'ailleurs, qui des deux agit par un plus noble principe, de l'homme qui pra-

...tique la vertu, pour mériter l'approbation réflechie de son esprit ; ou de celui qui la pratique, pour mériter l'approbation toujours juste & éclairée de son Créateur ? Qui aime plus solidement le bien, celui qui se borne à un motif temporel, au plaisir qui suit immédiatement toute bonne action ; ou celui qui portant ses vûes plus loin, s'éleve au-dessus de la scene passagere des choses d'ici bas, & fixe ses yeux sur ce bonheur plein & parfait *réservé pour toujours aux hommes vertueux, à la droite de Dieu. Un poids immense & éternel de gloire* doit dans tous les cas emporter la balance du côté

X iv

de la vertu. Mais la pensée froide & abstraite de la convenance & de l'amour de l'ordre, est un poids bien foible pour fixer un cœur, que des passions vives, ou une misere accablante entrainent dans le vice. Le dessein de Dieu a été que tous les hommes en général se conduisissent par les principes de la morale; & non un petit nombre seulement d'hommes contemplatifs, & assez amateurs de la vertu, pour la pratiquer à cause d'elle-même, indépendemment de toute récompense, & pour fuir le vice indépendemment de toute punition, par la raison seule des suites funestes qu'il entraîne naturellement après lui. Or, cette pratique de la vertu qu'il exige de tous les hommes, ne convenoit-il pas qu'il l'établît sur des récompenses & des châtimens capables de toucher des ames profondément ensevelies dans la matiere, & non sur des idées subtiles, qui semblent faites pour un ordre d'êtres tout différens? Et n'est-ce pas une des grandes preuves de la Religion Chrétienne, qu'elle puisse en appeller pour ainsi dire à nos sens? *Touchez-moi & voyez.* Ces systêmes si recherchés qu'on m'oppose, ont-ils la solidité *que vous me voyez avoir?* Ces idées abstraites & sans substance peuvent amuser des hommes spéculatifs dans leurs cabinets : le Dogme de la Religion Chrétienne sur la vie future est le seul principe qui puisse être d'usage dans la vie commune, en présentant à nos esprits les idées frappantes des maux auxquels les méchans doivent s'attendre, & du bonheur destiné aux bons.

L'œil n'a point vû, nous dit-elle, *ni l'oreille entendu, ni le cœur de l'homme conçu, ce que Dieu a préparé à ceux qui l'aiment.* Admirable gradation, remarque un célébre Ecrivain ! L'œil voit beaucoup de grands & magnifiques objets : cependant en conversant avec des gens qui ont lû & voyagé, un homme peut en-

tendre plus de chofes encore que
fon œil n'en a vû ; mais cette
variété d'objets que l'ouie peut
tranfmettre à nos efprits , toute
immenfe qu'elle eft , n'approche
point de ce que nous fommes
capables de concevoir. Que ne
fe figure point une imagination
forte & hardie ? La réalité femble toujours au-deffous de ce
quelle fe repréfente. Toutefois
les biens que Dieu réferve à ceux
qui l'aiment , l'emportent encore
plus fur tous ceux que l'homme
peut défirer & imaginer , que
les conceptions du cœur le plus
vafte , & la fécondité de l'imagination la plus vive , fur tout ce
que l'œil peut voir , & l'oreille

entendre. *Nous ferons femblables*
à Dieu, dit St. Jean : *car nous le*
verrons comme il eft. C'eft-à-dire
que la vûe de Dieu tel qu'il eft
en lui-même, la connoiffance
directe de ce fouverain bien, &
l'émanation immédiate de fon
bonheur fur nous (car voir
Dieu, ne fignifie pas feulement
contempler fa nature,) rempli-
ront tellement toute l'étendue de
l'ame, & occuperont fi pleinement toutes fes facultés, que dé-
formais heureufement incapable
de penfer aux vils objets qui
pourroient la porter au vice,
elle deviendra en quelque forte
auffi inaltérablement innocente
que fon Créateur ; & le plaifir &

a vertu qui font ici bas trop fouvent féparés, feront enfin réunis
pour toujours. *Nous ferons femblables à Dieu!* C'eft la penfée d'un
homme fans lettres : mais elle eft
fi raifonnable, fi fublime cette
penfée, qu'on en chercheroit
inutilement dans les plus fameux
Ecrivains des fiécles précédens,
quelqu'une qui l'égalât.

Ouvrons les Ecrits des Auteurs de l'antiquité, & voyons
ce que ces grands Maîtres nous
ont dit de plus beau fur l'amour
de nos femblables. Trouverons-
nous rien qui approche du por-
trait magnifique & touchant, que
St. Paul fait de la charité, dans
la premiere Epître aux Corin-

thiens ; ou un motif de la pratiquer, aussi noble que celui qu'il
nous propose en ces mots: *la*
charité ne finira jamais ? C'est-à-
dire le même principe d'amour
universel de nos semblables ,
dont les actes répétés font ici
bas naître en nous le germe , em-
bellira , s'étendra , ennoblira à
jamais nos ames.

Tous les Traités des Phi-
losophes peuvent-ils donner
à un mourant aux portes de l'autre monde, une consolation aussi
bien fondée , une assurance aussi
raisonnable d'être éternellement
heureux, que le fait S. Jean dans
ces quatre ou cinq lignes. *J'ai vû*
dans le Ciel une multitude innombrable d'homme de toutes les

Nations, de toutes les Tribus, de tous les Peuples & de toutes les langues, debout devant le Thrône & devant l'Agneau, tous vêtus d'habits blancs, tenans en leurs mains des palmes, signes de leur victoire, & chantans les louanges de Dieu & de l'Agneau ? Passage où nous apprenons ce que la raison ne pourroit nous prouver, que non-seulement ce petit nombre de S ts. personnages distingués par une vertu sublime, tels que les Apôtres, les Martyrs, &c. mais une multitude innombrable d'hommes d'une sainteté & d'une vertu inférieure, auront part au bonheur pur & sans mélange dont les ames glorieuses jouiront dans des corps glorieux ; bonheur, qui étendra nos facultés, satisfera nos désirs & passera toutes nos espérances. Et remarquons ici que toutes les fois que l'Ecriture leve le voile, & couvre à nos yeux les grands objets de l'autre monde, elle ne le fait point pour enfler nos cœurs de vaines idées & de spéculations stériles, qui ne pourroient flatter que notre curiosité ; mais pour les pénétrer & les remplir de la connoissance solide & substancielle du salut. Ce qui la rend, sinon le plus ingénieux, & le plus subtil, du moins le plus utile, & par conséquent le meilleur système de Métaphysique qui ait jamais été proposé.   Quand

Quand les Ecrivains Sacrés nous décrivent *ces millions de millions d'esprits qui assistent devant le Trône de Dieu,* & *qui sont occupés à le servir ;* je le demande, l'esprit le plus sublime pourroit-il imaginer une occupation plus noble pour ces Etres & plus instructive pour nous, que de nous les représenter prenant à la rédemption, & au bonheur d'autres créatures, un plaisir généreux & désintéressé, *louant Dieu,* & *disant : Gloire à Dieu au plus haut des Cieux,* & *sur la Terre paix* & *bonne volonté aux hommes.* Dans un autre endroit, l'Ecriture nous les montre, non comme s'estimant eux-mê-

Y

mes & méprisant les autres, ni
éblouis de l'éclat de leur propre
excellence ; mais reconnoissant
humblement, que toute gloire,
tout honneur, toute puissance
appartient à celui seul qui est la
source de tout ce qu'il y a d'ai-
mable, de grand, & de glorieux ; déposant leurs couronnes
au pied du Trône de Dieu, & lui
rendant gloire & hommage. *Vos
œuvres sont grandes & merveilleu-
ses, Seigneur Dieu tout-puissant ;
vos voies sont équitables & justes,
ô Roi des Sts.* Ainsi apprenons-
nous que pour des créatures ad-
mises à jouir de la vûe immédiate de Dieu, tout est petit hors
Dieu-même, & que toute sa gran-

deur des êtres créés , doit s'ab-
baisser & disparoître en la présence de celui dont ils la tiennent.

Les esprits contemplatifs font
cas de certaines connoissances ,
comme quelques personnes de
certaines nourritures , non parce quelle font solides & salutaires , mais parce quelles font rares. Ce n'est pas le bien quelles
peuvent procurer au monde ,
c'est leur obscurité qui leur donne du prix aux yeux de ces hommes spéculatifs , dont la tête res-
semble à ces cabinets remplis de
raretés inutiles , & de curieuses
bagatelles, qui bonnes tout au plus
pour l'ostentation & la parade ,

ne peuvent être d'aucun usage
dans la vie. L'Ecriture au contraire, quoiqu'elle nous donne les
plus vives lumieres, & les vûes
les plus étendues, cherche moins
à nous orner l'esprit, qu'à nous
échauffer le cœur. Rarement sa-
tisfait-elle notre curiosité; & si
elle nous rend plus sçavans, ce
n'est jamais que pour nous rendre meilleurs; en quoi consiste la
seule vraie sagesse.

Quoique dans certains états,
les gens de bien même ne puis-
sent guere s'appliquer à lire les
Ecritures avec le soin & l'attention, qu'ils donnent à des choses
de moindre conséquence, ils ne
laissent pas néanmoins d'en tirer

des connoissances salutaires &
pratiques, qui les aident pour se
conduire surement dans la voie
du salut éternel. Il n'en est pas de
même de ces vérités que les Sçavans découvrent · quelquefois
avec une application & un travail infini : elles sont pour eux
ces vérités abstraites, comme
les étoiles qu'on a découvertes à
l'aide des télescopes ; & ils n'en
tirent pas plus de lumiere pour
guider leurs pas dans le voyage
de cette vie, que ceux qui n'ont
pas fait ces sçavantes découvertes.

Que de points importants sur
lesquels la raison ne nous peut
rien apprendre, & que la révé-

lation éclaircit ! Par exemple, la
raison ne pouvoit nous assurer
que notre pénitence seroit agréa-
ble à Dieu, & quelle pourroit
nous en obtenir le pardon de
nos péchés. La révélation nous
donne là-dessus les plus fortes
assurances, & nous fait connoître un Médiateur qui a porté
nos péchés, & qui est en état
de concilier les droits de la justice de Dieu avec ceux de sa mi-
sericorde. Nous avions besoin
d'être instruits sur les peines &
les récompenses futures, sur leur
dégré & leur durée : la révélation nous donne sur tous ces
points les connoissances les plus
lumineuses, & en même-tems

quelle éclaire notre entendement, elle réveille nos craintes
& ranime nos efpérances. Il nous
falloit une régle de culte fixe &
déterminée, pour prévenir les
illufions de notre imagination :
la révélation nous enfeigne un
culte fage & raifonnable ; elle
nous invite par les promeffes de
l'affiftance de Dieu, & nous en-
hardit par les mérites d'un divin
médiateur, à nous approcher avec
confiance du Trône de la grace.

C'eft une remarque importante, & bien propre à nous faire
fentir le prix de la Religion
Chrétienne, que fur ces différens points & fur plufieurs autres, dès que la lumiere de la rai-

son n'ayant plus de principe sûrs
pour nous conduire, nous laisse
dans les ténébres, la lumiere de
l'Evangile vient y suppléer &
remplir le vuide. Quand l'intelligence humaine après avoir jet-
té les premiers fondemens, sent
ses pensées & ses ressources épui-
sées, la révélation lui fournit
alors les matériaux nécessaires
pour achever l'édifice. Les secours de la révélation répon-
dent donc exactement aux besoins de la raison, & commen-
cent au même point; d'où il est
aisé de juger que tout homme sincérement attaché à la Religion
naturelle, n'est pas loin *du
Royaume du Ciel*; & que s'il con-
tinue

tinue à agir fans préjugé, Dieu lui
fera la grace de le rendre Chrétien : car celui qui défire fincere-
ment de connoître & de faire la
volonté de Dieu, doit fouhaiter
d'avoir pour parvenir à cette fin,
des fecours néceffaires & bien plus
puiffans que ceux que la Religion
naturelle fournit ; & il y a lieu
de croire que Dieu dans fa bonté
infinie aura donné aux hommes,
en leur notifiant fes volontés, des
affurances de paix pleines &
expreffes.

En examinant les différentes Religions qui fe prétendent
révélées, il n'en trouvera aucune qui puiffe entrer en comparaifon avec la Religion Chré-

Z

tienne, qui seule renferme tout ce que la Religion Naturelle a d'excellent ; & qui, si je puis parler de la sorte, ente sur ce tronc les fruits salutaires de tant de vérités importantes, qu'elle seule pouvoit nous apprendre, & que la raison doit adopter avec reconnoissance. La Religion Naturelle ne prouve ni la certitude, ni le degré, ni la durée d'un bonheur avenir. La raison ne sçauroit même déterminer si l'Arrêt qui doit nous être prononcé aussi-tôt après notre mort, doit décider irrévocablement de notre bonheur ou de notre malheur, ou si en sortant de ce monde nous ne passerons pas encore par différens états d'épreuve intermédiaires, avant que d'être jugés définitivement. Mais la révélation ne nous laiſſe là-deſſus aucun doute , & nous déclare formellement que la vie préſente qui paroît ſi peu de choſe quand on fait abſtraction de la vie future, eſt pour nous d'une conféquence extrême dans ſes ſuites ; *que celui qui vit , & meurt juſte , reſtera toujours juſte , & que celui qui vit & meurt criminel reſtera toujours ſouillé* , la mort imprimant à l'ame un ſceau qui fixe à jamais ſon état ; que les Pécheurs ſeront éternellement privés de la vûe de Dieu , & qu'il n'y aura plus ni de péché dans le Ciel,

Z ij

ni de conversion dans l'Enfer. La lumiere de la grace & de la vertu éteinte dans un cœur, n'y pouvant être rallumée que par les rayons du Ciel, loin que la Religion Chrétienne borne nos vûes, elle seule les éleve jusqu'au Ciel & les étend jusqu'à l'Eternité, en nous apprenant dans les Livres Saints ce que nous devons devenir un jour quand la scene de ce monde aura passé ; objet important & uniquement important, sur lequel sans la révélation nous resterions toujours dans l'incertitude & dans le doute.

Heureux les Chrétiens, s'ils connoissent leur bonheur, d'avoir une Religion, qui comme son grand & tout-puissant Auteur, est pleine de grace & de vérité.

DEUXIE'ME DISCOURS.

I. PIERRE, III. 15.

Soyez toujours prêts à répondre à quiconque vous demandera raison de l'espérance qui est en vous.

Soutenir comme quelques-uns l'ont fait, que la raison suffit seule à l'homme, & que la révélation ne lui est aucunement nécessaire ; c'est une proposition si choquante, quelle approche fort du blasphême, si elle n'en est pas réellement un.

Que la raison serve pour procurer aux hommes le dégré de
bonheur que Dieu, selon la variété de ses vûes sur les créatures
d'un même ou de différens ordres, a voulu leur accorder, &
que jamais l'ignorance invincible ne puisse être à ses yeux un titre légitime de condamnation,
nous en conviendrons aisément:
mais que la raison suffise seule
pour découvrir sans l'assistance
de Dieu les vérités salutaires qui
nous ont été révélées dans les
Ecritures, & pour nous mettre
en état d'obtenir sans les mérites
de Jesus-Christ le bonheur pro-
mis aux Chrétiens, c'est ce que
nous nions absolument.

J'ai fait voir dans le Difcours précédent, les avantages émi-nens de la Religion révelée, & l'excellence intrinfeque des Stes. Ecritures 1°. Dans les connoif-fances qu'elles nous donnent de la nature divine, 2o. Dans le plan admirable de morale qu'el-les nous propofent, & dans les motifs fur lefquels elles l'établif-fent. Voyons maintenant, quel-les preuves on peut tirer de leur excellence en faveur de leur infpiration.

C'eft un point dont on con-vient de part & d'autre, que les Ecrivains Juifs nous ont donné de Dieu des idées plus fublimes, & des notions de fon culte plus

juftes, que n'ont fait les plus fameux génies du Paganifme , qui
tous ont approuvé l'idolâtrie ,
ou donné dans de groffieres &
pernicieufes erreurs. Or , d'où
a pû venir aux Juifs cette fupé-
riorité ? Les célebres Philofophes de Rome & d'Athenes
leur cédoient-ils du côté des talens naturels ? N'avoient-ils pas
même fur eux l'avantage des
connoiffances acquifes , & d'une
éducation plus relevée ? A quoi
donc l'attribuer, cette fupério-
rité, qu'à un fecours furnaturel
& divin ? Oüi , nul autre que
celui qui poffede tous les tréfors
de la fageffe , n'a pû leur infpirer
toutes ces grandes & nobles

idées, & élever si haut leurs esprits. Si la Judée a possédé ces
sublimes connoissances , dont
toutes les autres Nations plon-
gées dans les ténébres de l'idolâtrie ont été privées ; si la rosée
céleste tomboit sur cette heureuse contrée , tandis que le reste de
la terre n'avoit aucune part à ces
faveurs du Ciel : *c'est l'ouvrage du
Seigneur , & il doit paroître merveilleux à nos yeux.*

Si Dieu se fût révélé aux
Grecs, ou à quelque autre Nation connue par ses recherches
en tout genre de science , & par
la profondeur de sa sagesse & de
sa politique , ces grandes vérités,
émanées de la source éternelle des

lumieres , n'auroient peut-être
été regardées que comme des découvertes dûes à ces hommes sçavans , & comme le fruit de leur
sagacité & de leurs travaux. Mais
on ne sçauroit dire la même chose des Juifs , Peuple ignorant &
grossier , qui n'avoit qu'une sphere de connoissance fort bornée ;
& ceci donne un nouvel éclat
aux preuves de la révélation , &
les rend plus sensibles & plus
frappantes. Aussi est-ce peut-
être pour cette raison entr'autres , que tout le reste du monde
étant alors abandonné à la su-
perstition , à l'idolâtrie , & à
toutes sortes de fausses Religions , Dieu choisit le Peuple

Juif moins corrompu que les autres fur ce point, pour le faire dépofitaire du vrai culte.

Quand l'Ecriture n'auroit d'autre recommandation, que de réunir comme elle le fait tous les traits de lumiere fpirituelle répandus dans une foule d'Ecrits, où ils font couverts d'un nuage épais d'abfurdités vifibles & palpables, ce feroit déja une preuve affez probable d'infpiration. Mais allons plus loin: raffemblons pour nous former un plan de maximes & de vérités de Religion complet & fuivi, tout ce qu'ont écrit de plus fenfé fur cette matiere; les Philofophes de la Grece, Ciceron à

Rome, & Confucius dans la Chine : ce plan restera encore défectueux, nous n'y trouverons nulle part ce que les Ecritures nous annoncent si clairement & si fréquemment ; le culte pur & raisonnable de Dieu *en esprit & en vérité*, le pardon de tous les péchés, dont le cœur est sincérement repentant & contrit, & les magnifiques récompenses de l'autre vie. L'amour de Dieu n'y est point exigé au même degré qu'il l'est dans les Livres Saints, ni fondé sur un motif aussi touchant que la vûe du Sauveur mourant pour les hommes ; & l'on n'y voit rien qui soit capable de nous exciter aussi puissam-

ment à l'amour de nos femblables, & à la compaffion pour les
malheureux, que l'Ecritures le
fait en nous montrant en leur
perfonne notre divin Rédemp-
teur, qui tient comme fait à lui-
même, tout le bien qu'on leur
fait pour l'amour de lui.

Oüi, nous défions de mon-
trer dans les Auteurs Payens
avant la naiffance du Chriftianifme un fyftême de morale auffi
bien lié, auffi précis & auffi
complet que dans l'Ecriture. » Il
» eft vrai, dit un grand homme :
»(ces paroles font remarquables,)
» il eft vrai qu'il y a une Loi na-
» turelle ; mais jufqu'à Jefus-
» Chrift qui nous l'avoit montrée,

» & entrepris de nous la faire
» connoître toute entiere en qua-
» lité de Loi, sans y rien ajouter,
» & sans retrancher aucun des
» devoirs qu'elle contenoit, &
» qui obligeoient par eux - mê-
» me, qui a jamais fait connoî-
» tre toutes les parties de cette
» Loi jointes en un seul corps?
» Qui a montré aux hommes l'o-
» bligation ou ils étoient de les
» observer exactement? Et où a-
» t'on jamais vû un pareil code,
» auquel le genre humain ait pû
» recourir comme à une regle
» infaillible, avant que Notre
» Seigneur eût paru dans le mon-
» de? Or telle est la Loi morale
» que Jesus-Christ nous a don-

« » née dans le Nouveau-Testa-
« » ment.... & je ne crois pas
« » que le monde ait jamais eu une
» morale semblable à celle qu'on
» trouve dans le Nouveau-Tes-
» tament, ni que personne puis-
» se soutenir qu'elle se rencontre
» quelqu'autre part.... Si vous
» renvoyez les hommes aux maxi-
» mes des Sages & aux décisions
» des Philosophes, vous les en-
» gagez dans un Pays perdu,
» coupé de mille chemins diffé-
» rens, dont ils ne sçauroient se
» débarrasser, & les jettez dans un
» labyrinthe d'où ils ne peuvent
» sortir. Si vous les renvoyez aux
» diverses Religions du monde,
» c'est encore pis ; & si vous leur

» conseillez de suivre leur propre
» raison, j'avoue qu'ils peuvent
» trouver par ce moyen quelque
» lumiere & quelque certitude;
» mais dans le fond, la raison ne
» leur a pas donné toutes les con-
» noiſſances qui leur étoient né-
» ceſſaires: car elle n'a point en-
» ſeigné aux hommes une regle
» parfaite de conduite, ni éclair-
» ci les doutes élevés parmi les
» Philoſophes, ni même fait ſen-
» tir aux Peuples de la terre les
» plus civiliſés, qu'ils n'avoient
» pas droit d'ôter la vie à leurs
» enfans en les expoſant, & qu'ils
» ne le pouvoient faire ſans cri-
» me. «

C'eſt un principe dont tout

homme

d'homme de bon sens convient , qu'il doit toujours y avoir une proportion entre l'effet & la cause. Or la puissance de Dieu mise à part, quelle proportion trouveroit-on entre les causes du Christianisme & le Christianisme même. Le Christianisme est une Religion , qui a éclairé le monde, détruit une infinité de pratiques condamnables & universellement établies parmi les Payens ; la Polygamie , l'exposition des enfans , &c... aboli ces sacrifices barbares, où l'on immoloit des victimes humaines, & mille autres abominables rites ; une Religion si propre à perfectionner la nature humaine , & qui nous

donne de si grandes, de si no-
bles idées de la Divinité, que
toutes nos conceptions ne peuvent aller au-delà. Quels ont
donc été les Auteurs de cette
Religion ? Une poignée d'hommes de la plus vile condition, occupés dès l'enfance à des travaux, dont la bassesse ne pouvoit que leur rétrecir l'esprit, &
étouffer tout ce qu'ils auroient eu
de dispositions & de talens naturels. Pouvons-nous penser sé-
rieusement, que cette douzaine
d'hommes grossiers sans étude &
sans Lettres, ayent découvert
d'eux-mêmes ces riches sources
de vérités, qui avoient échappé
aux recherches pénibles de tant

de Sçavans, & à l'heureuse fagacité des esprits les plus pénétrans ?

Puis donc que tout effet doit avoir une cause qui lui soit proportionnée, & que les Auteurs du Chriftianisme en suppofant qu'ils n'ayent point été infpirés, étoient évidemment incapables de découvrir toutes ces grandes vérités, & d'imaginer un plan de Religion & de morale fi supérieur à tout ce qu'ont dit de mieux en ce genre les plus célébres Philofophes de l'antiquité; il eft clair qu'il faut recourir à quelque cause furnaturelle. Or, à qui attribuer ce que nous voyons tous les jours fous nos yeux, que les hommes les plus bornés apperçoivent dans le plus haut point de lumiere ces sublimes & bienfaisantes vérités, que les Sçavans du Paganisme n'ont fait qu'entrevoir ; & que nos Artifans même & leurs Ouvriers, pour peu qu'ils apportent d'application, ayent des attributs de Dieu, du bonheur éternel, de tous nos devoirs envers notre Créateur , notre Prochain & nous-mêmes, des idées plus justes, que les plus beaux génies de l'antiquité après tous leurs travaux & toutes leurs veilles ; à qui, dis-je, attribuer tout cela, qu'au Pere des lumieres ?

Le Christianisme n'est pas seu-

lement *la gloire*, le bonheur, le
salut de tout bon Chrétien, il eſt
encore la *lumiere qui éclaire* les
Déiſtes mêmes. Oui, ceux mêmes
qui décrient la révélation, lui
font redevables de leurs plus belles connoiſſances : ſans elle ils
feroient encore dans des ténébres non moins profondes que
celles de ces contrées, ſur leſquelles ſa clarté n'a point lui. In-
grats ! Ils jouiſſent des bienfaits
du Chriſtianiſme, & en recueil-
lent les fruits, dans le tems même qu'ils s'efforcent de couper &
de déraciner l'arbre qui les porte.

Choſe étrange ! On prétend
que la raiſon ſeule ſuffit pour nous
guider, & l'on ne ſçauroit prou-

ver qu'elle ait jamais dans aucun
siécle, ni dans aucune nation, con-
duit un seul homme, sans excepter Socrate, à une pratique exacte, ni même à une connoissance entiere de nos devoirs. Comment s'est-il donc fait, que les
Auteurs sacrés ayent été jusqu'i-
ci les seuls, qui ayent eu assez
d'intelligence pour former un
plan complet de Religion & de
morale ; assez de courage pour le
prêcher dans tout l'univers ; &
assez de constance pour venir à
bout de l'y établir, malgré tous
les efforts des Puissances du monde liguées contr'eux ? Comment
s'est-il fait qu'aucun des Ecrivains qui sont venus après eux,

n'ait pû découvrir de vérités importantes en matiere de Religion, qui ne soient expressé-
ment ou implicitement renfer-
mées dans les Livres S^ts. & qu'on
n'en puisse aisément déduire.
Tous ces Ecrivains postérieurs
aux Evangélistes & aux Apôtres,
n'ont fait que prouver, recueil-
lir, mettre en ordre les grands
principes répandus dans les Ecritures avec une noble profusion ;
de même que les plus fameux
Naturalistes avec toutes leurs lumieres & toutes leurs veilles,
n'ont pû parvenir à former aucune nouvelle plante : tout ce
qu'ils peuvent faire, c'est de culti-
ver, d'arranger & de distribuer

avec fymétrie les arbres & les différentes fleurs femées fur la terre par l'Auteur de la nature. Au refte Dieu qui ne fait rien en vain, mais qui ne manque à rien de néceffaire, a imprimé toutes ces grandes vérités dans l'efprit des Auteurs facrés, pour les exprimer dans le ftile & dans l'ordre qui fubfifte.

Des gens groffiers fans connoiffances & fans étude, en voulant réveler les myfteres de Dieu, feroient infailliblement tombés dans des abfurdités palpables, s'ils n'avoient été dirigés par cet *efprit qui pénétre tout, méme les profondeurs de Dieu :* puifque les plus beaux génies

avec

avec toute leur capacité & tous leurs talens, dès qu'ils ont voulu sans le secours de la révélation, faire quelque découvertes dans le monde spirituel, n'ont fait que montrer leur ignorance & donner dans les plus extravagantes erreurs. Des hommes qui n'auroient point été dominés par une imagination déréglée, se seroient-ils jettés dans des matieres où la raison humaine n'apperçoit aucunes routes sures ; & s'ils l'avoient été, auroient-ils pû former un système de doctrine si plausible & si bien lié, que nul esprit humain ne peut ni le détruire ni l'ébranler ? D'où vient donc que les Ecri-

vains Sacrés en nous instruisant
sur la nature & le ministere des
bons & des mauvais Anges, sur
le bonheur du Ciel, n'ont rien
laissé échapper qu'on puisse
convaincre d'erreur? D'où vient
que de tant de gens qui ont
tant raisonné, & tant fait de
recherches après eux, personne
n'a pû rien nous apprendre sur
tous ces points, qu'ils n'eussent
dit avant lui, ni démontré faux
rien de ce qu'ils avoient avancé?
D'où vient, s'ils n'étoient point
inspirés, qu'en enseignant tant de
dogmes au-dessus de la raison,
ils n'en ont enseigné aucun qui
la choque, sur-tout en des matieres si relevées au-delà de

la portée de l'esprit humain , &
sur lesquelles par conséquent il
étoit plus aisé de se tromper ?
Ajoutez que nous avons tous un
sentiment intérieur de l'excellence du Christianisme. Jamais
aucun homme croyant sincérement en Jesus-Christ , & vivant
conformément à ses préceptes ,
ne s'est repenti de l'avoir fait ;
au contraire , un grand nombre
ont eu des remords amers de
n'avoir point été Chrétiens , ou
de ne l'avoir été qu'à demi. Plus
un homme l'est sincérement &
solidement , plus il sent au fond
de son cœur de paix , de consolation , de confiance en Dieu :
c'est une expérience journaliere

& sensible de la vérité de la Religion Chrétienne, dont nous avons autant de témoins qu'il y a eu d'hommes d'une piété éminente, depuis la naissance du Christianisme jusqu'à nos jours. Plusieurs d'entr'eux ont joui de toute la paix que le monde peut donner, tous de celle que le monde ne donne pas ; & certes, c'est agir de la maniere la plus conforme à la volonté de Dieu, & par conséquent à la vérité qui en est inséparable, que d'embrasser une Religion qui nous rend plus doux, plus humbles, plus charitables, plus honnêtes-gens à tous égards; qui nous donne de la Divinité les plus sublimes, & les plus aimables idées ; & fur la vie future, les connoiffances & les vûes les plus intéreffantes ; & qui feule nous apprend ce que Dieu dans fa bonté infinie a fait pour les hommes, & ce que les hommes doivent faire eux-mêmes pour leur falut. Excellence de la Religion Chrétienne, difons-le avec douleur, qui occafionne peut-être plus que tout autre chofe à nous en détacher. Hé ! Pourquoi voyons-nous en effet les Infidè- les & les Idolâtres fi zèlés, fi ar- dens pour leurs fauffes Reli- gions, tandis que nous fommes fi indifférens, fi froids pour la nôtre qui eft la feule vraie ? Sinon parce que leurs Religions con-

fiftant principalement en actes
extérieurs , & en obfervances
corporelles, au lieu que la Religion Chrétienne defcend au
fonds du cœur pour le convertir
& le foumettre à Dieu fans réferve , toutes les pratiques extérieures de piété , les auftérités même
corporelles ne coûtent point tant
à l'homme qu'une pureté de cœur
inviolable & univerfelle ; & une
feule paffion favorite ménagée ,
eft une fatisfaction qu'on achette
volontiers au prix du renoncement à foi-même fur tout autre
point. Un culte venu du Dieu
fcrutateur des cœurs , devoit né-
ceffairement exiger le facrifice
du cœur , fans lequel tout autre

facrifice, toute obfervance extérieure quelque pénible qu'on la
fuppofe, ne peut être d'aucun mérite. Une Religion qui nous pref-
crit d'être auffi exacts, auffi ré-
guliers que le Pharifien de la parabole, & en même-tems auffi
humbles, auffi pénétrés de notre
indignité que le Publicain, étoit
digne de Dieu ; mais par nos
vains raifonnemens nous nous
rendons nous-mêmes indignes
d'elle.

Former un fyftême complet
de morale & de Religion, & y
renfermer tout ce qui peut tendre
à purifier un efprit raifonnable,
& à lui faire mériter le bonheur
éternel : c'eft un ouvrage au-def-

fus des forces de tout homme, que la révélation n'a point éclairé. L'excellence de fes Ecrits, les importantes vérités qu'ils renfermeroient d'ailleurs, pourroient annoncer l'homme éclairé. Mais fans parler des omiffions qui pourroient y être en grand nombre, les erreurs peut-être très-dangereufes, dont ils ne manqueroient pas d'être femés, comme un métal de mauvais aloi mêlé avec un or pur, en altéreroient la bonté, & annonceroient l'homme abandonné à fes propres lumieres : à plus forte raifon cet ouvrage eft-il au-deffus de la portée d'un homme fans étude & fans éducation. Il y a dans la nature de l'homme une incapacité marquée de se former un plan de Religion par lui-même, & sans l'assistance du Ciel. Tous ceux qui l'ont essayé, ont tronqué & estropié la Religion, en oubliant quelques - uns des plus importans devoirs, & c'est le cas des Déistes; ou l'ont altérée & défigurée par des pratiques extravagantes & superstitieuses qu'ils y ont ajoutées, & c'est ce qu'ont fait les Payens & les Infidèles. Jettez un coup d'œil sur toutes ces Religions d'invention humaine; vous n'en trouverez aucune qui mérite seulement d'entrer en comparaison avec la Religion Chrétienne.

On trouve, il est vrai, des obscurités dans l'Ecriture ; mais il faut distinguer entre les difficultés qui toucheroient au principal objet de la révélation, & celles qui sont peu importantes par elles-mêmes, ou qui ne tombent que sur des points de très-petite conséquence. Malgré ces prétendues obscurités, l'Ecriture quoique profonde, est claire sur les dogmes qui intéressent la gloire de Dieu, le bien du genre humain, & le salut de nos ames. Elle nous renvoie au jugement de l'Eglise sur tous ces points ; Dieu a fait tout ce qu'il falloit, & même plus qu'il ne falloit, pour remplir l'objet de la révélation.

Tout ce qu'il y a de difficile à entendre dans l'Ecriture , devient clair par la décision de l'Eglise. D'ailleurs certains endroits peuvent bien exercer l'habileté des critiques ; mais ils ne font pas néceffaires pour édifier le commun des hommes. Quand on étudie l'Ecriture avec foin & avec impartialité , l'on y découvre fans peine les vérités importantes de morale, réunies fans altération & fans mélange ; vérités dont on ne trouve qu'une partie répandue çà & là dans les différens écrits des Philofophes, où elles font encore confondues avec de très-pernicieufes erreurs. Un précepte qui n'est exprimé qu'en peu de mots & en termes généraux dans un paſſage, l'est plus clairement & diſtinctement dans d'autres ; l'E-criture nous les préſente ſous différens jours, comme on place dans un jardin une belle ſtatue à l'endroit où viennent aboutir pluſieurs allées, afin de la faire voir ſous différens points de vûe. Et c'est ce qui fait qu'il est impoſ-ſible qu'un homme qui n'auroit pas perdu toute honte, quels que puiſſent être ſes ſentimens parti-culiers, ne trouve dans l'Ecritu-re un contre-poiſon à ſes paſ-ſions.

J'avoue qu'on diſputera toujours ſur l'Ecriture, précieux pré-

sent qui ne nous avoit point été
fait pour cet usage. Mais sur quoi
ne dispute-t'on pas ? On s'étonne que les hommes disputent sur
la Religion ! Hé n'est-ce pas une
matiere assez importante pour
eux ? N'est-ce pas même la seule
dont ils devroient s'occuper ; &
quand il n'y auroit point de Religion, toutes les disputes cesse-
roient - elles pour cela ? N'en
prévient - elle pas au contraire
une infinité d'autres qui éclate-
roient pour des choses de néant,
auxquelles l'homme prostitue follement son estime. C'est une erreur de s'imaginer que ce soit
l'obscurité seule de l'Ecriture qu'
ait donné naissance aux diffé-

rentes opinions sur les points controversés : ce sont sur-tout les préjugés & les opinions des hommes, qui leur ont fait chercher à obscurcir & à embrouiller l'Ecriture. Mais malgré tous leurs efforts, en s'attachant à l'Eglise & à ses décisions, les ignorans même peuvent distinguer aisément ceux qui font violence aux expressions des Ecrivains sacrés, pour les faire servir à leurs systêmes, & ceux qui les prennent dans leur sens naturel ; ceux qui font parler l'Ecriture selon leurs idées, & ceux qui reglent leurs idées sur l'Ecriture.

Les petits esprits se frappent de peu de chose ; une légere cir-

conſtance , un texte qui leur paroît inexplicable , ſuffiſent pour
les arrêter. Ils ne liſent les Livres ſaints, pour ainſi dire, qu'a-
vec un microſcope qui les fixe ſur
quelque endroit particulier , &
ne leur laiſſe pas voir l'enſemble,
ni le rapport de toutes les parties entr'elles. Au contraire un
eſprit vaſte & étendu , embraſſe
en quelque ſorte d'une ſeule
vûe tout le ſyſtême de la Religion , & remarque d'un coup
d'œil combien elle a heureuſe-
ment ſuppléé aux défauts , cor-
rigé les erreurs , & appuyé les
découvertes de la raiſon, en portant le culte divin à un dégré de
perfection ſi juſte , que tout ce qui

est en deça est défectueux, & tout ce qui iroit au-delà seroit superstitieux & illusoire. Plus on étudie les Ecritures avec une certaine étendue de lumiere & d'humilité, plus on les admire. Il est d'elles comme de ces personnes qu'on ne goûte pas d'abord, mais qu'une liaison plus intime rend plus cheres, & plus respectables. On sent à mesure qu'on les lit, qu'elles nous fournissent les connoissances dont nous avons besoin, & qu'elles nous en donnent même beaucoup plus que ne pourroient faire nos talens naturels, sans le secours de la révélation.

Ce Livre commence dans l'éternité avec la création du monde

monde & la formation de l'homme, & finit dans l'éternité avec le dernier jugement & la consommation de toutes choses. Malgré cette immense étendue de tems, on apperçoit une suite d'événemens admirables, liés les uns aux autres depuis la chute du premier homme jusqu'à la rédemption, & depuis la rédemption jusqu'à la grande & derniere révolution, qui mettra toutes choses sous les pieds du Sauveur. Au milieu de cette étonnante variété, on voit régner comme dans les Ouvrages de la Nature, une uniformité frappante ; tout y est diversifié, & tout néanmoins est régulier. Depuis la premiere

inftitution des facrifics, auffi-tôt
après la chute d'Adam, jufqu'au
grand facrifice univerfel offert
par Jefus - Chrift , & dont les
premiers n'étoient que la figure,
on y remarque un deffein uniforme, la confervation de la Religion dans le monde, & la def-
truction du vice & de l'idolâtrie.
Eft-il donc furprenant que dans
un Livre qui contient tant d'é-
vénemens , qui renferme une fi
vafte étendue de tems , écrit en
différens fiécles par différentes
mains , & fur différens fujets , il
fe trouve des obfcurités , des endroits difficiles , pour des créatures dont les vûes font foibles
& bornées ! N'en trouve-t-on

pas autant dans le grand Livre de la Nature ? Et n'eſt-il pas étonnant au contraire, en ſuppoſant ces Auteurs *non inſpirés*, que malgré toutes les recherches qu'on a faites, & le ſoin qu'on a pris d'en examiner chaque paſſage, on n'ait rien pû découvrir qui démente le reſte du ſyſtême ? Les choſes mêmesqu'on avoit regardées d'abord comme des objections inſolubles, après un examen plus ſérieux, ont paru confirmer de plus en plus la vérité du Chriſtianiſme. Le Mahometiſme, le Paganiſme & toute autre fauſſe Religion ſubſiſteroient-ils encore, ſi la raiſon les avoit attaquées avec autant de

vivacité & d'opiniâtreté, qu'elle
a attaqué la Religion Chrétienne, & si la Dialectique ar-
mée de tous ses raisonnemens
en avoit fondé tous les fondemens, & réuni contr'eux tous
ses efforts ? Le faux ne sçauroit
tenir contre des attaques vives
& puissantes ; & la vérité même
quand elle a contre elle le ridicule & le sophisme, perd de son
crédit dans l'esprit & l'opinion
des gens légers sans discerne-
ment & sans application. Si
donc cette multitude d'objections faites de toutes parts contre le Christianisme, n'ont pû le
détruire, il faut avouer qu'il est
fondé sur la vérité qui triomphe
de tout.

S'il y avoit contre le Christia-
nifme une objection décifive, &
qui en démontrât la fauffeté fans
replique, il feroit impoffible
d'expliquer pourquoi tant d'hommes défintéreffés, d'une péné-
tration fupérieure, les plus
grands maîtres dans l'art de rai-
fonner, & qui ont le mieux connu la nature de l'évidence, feroient reftés attachés à cette Religion jufqu'à la fin de leur vie ;
& plus encore à la fin de leur
vie que jamais : au lieu qu'on
peut aifément expliquer, pourquoi quelques gens d'efprit malgré les preuves décifives & tran-
chantes qui établiffent la vérité
du Chriftianifme, ne l'ont pas

crû, ou du moins ont tâché de ne le pas croire. C'est que les Sçavans, les meilleurs esprits même, peuvent avoir des attache-mens criminels & violens pour les choses de ce monde ; & que les raisonnemens les plus foibles font une vive impression sur des gens qui ont un intérêt pressant, & par conséquent une forte inclination à ne pas croire. Au contraire les choses de la Religion regardent principalement la vie future : elles font éloignées de nous, elles ne font point exposées à nos yeux; & nos sens ont bien plus d'empire sur nous que la raison.

Les pensées du cœur de l'hom-

me périssent les unes après les au-
tres ; le Conseil du Seigneur sub-
siste éternellement. Les pensées du
cœur de l'homme, les raisonnemens de son esprit ont attaqué le
Christianisme : *depuis sa jeunesse*
ils ont combattu contre lui ; mais
il est *le Conseil de Dieu,* & par-
conséquent il n'a jamais pû,
& ne pourra jamais être détruit.
Il subsiste éternellement.

Mais, direz-vous, d'où viennent donc les tristes progrès que
l'infidélité fait tous les jours ?
N'est-ce pas de ce que notre siécle
est plus éclairé, plus sage, & par-
conséquent moins crédule ? Hé-
las ! La source de l'incrédulité
n'est point encore tarie ; elle

coule seulement dans d'autres ca-
naux ; témoins tant d'impostures
qui ont pris dans le Public, tant
d'opinions extravagantes qui ont
trouvé des Sectateurs. Ceux même, qui ne veulent prendre aucune précaution pour assurer le
salut éternel de leur ame, & qui
doutent du bonheur de la vie future, malgré la parole de Dieu
solennellement engagée sur ce
point, ne confient-ils pas tous
les jours leur vie entre les mains
d'un Empirique ignorant ? Si les
hommes ont tant de peine à croire, lorsqu'il s'agit de Religion,
tandis qu'ils se laissent si aisément
abuser sur d'autres points, la raison n'en est pas difficile à trouver :

ver : ce n'eft pas qu'ils foient moins crédules, c'eft qu'ils font plus vicieux. La crédulité eft toujours la même, il n'y a que les objets qui ayent changé.

La principale fource de l'incrédulité eft aifée à reconnoître : c'eft le libertinage, qui ne manque jamais dès qu'il a fait quelque progrès, d'effacer des cœurs toute impreffion de Religion. Ainfi l'a-t-on vû dans la Grece, ainfi l'a-t-on vû dans l'ancienne Rome, quand le fyftême infenfé d'Epicure eut pour partifans & pour défenfeurs des hommes d'une capacité & d'un génie bien fupérieur à nos modernes incrédules. Ainfi le vit-on dans la

Dd

Judée même, quand la Secte des Saducéens prévalut. On croiroit peut-être que c'est à cette foule d'Ecrits empoisonnés que nous avons vû éclore de nos jours, qu'on devroit attribuer l'étrange dépravation des mœurs, & la corruption presque universelle de ce siécle ; mais la vérité est qu'au contraire, c'est la dépravation des mœurs du siécle que les mauvais Ecrivains cherchent à flatter, pour donner par-là à leurs Ouvrages un prix qu'ils n'ont point par eux-mêmes, qui a produit cette multitude d'E-crits pernicieux, qui ne respirent que le libertinage & l'ir-réligion. Aussi sent-on aisément pour peu qu'on ait de goût , qu'à l'exception d'un ou deux qu'on eſt fâché de voir dans une compagnie ſi peu honorable , tous les autres ſont de très-mépriſables Auteurs. La plûpart des Incrédules ſont trop répandus dans le monde, & ont trop de vivacité dans l'eſprit, pour pouvoir ſaiſir & embraſſer des vûes générales , & ils ont trop peu de loiſir , de capacité & d'aplication pour deſcendre dans le détail , & examiner ſérieuſement chaque choſe. Les ennemis les plus déclarés de la Religion Chrétienne, ou plûtôt de toute Religion, ſont ceux qui cachent leurs noires penſées ſous le maſque de la

Dd ij

vertu. Il femble que l'hypocrifie ait paffé de la Religion révelée à la Religion naturelle, de la piété à la vertu morale. Lifez les Ecrits, écoutez les converfations de nos Déiftes ; tout y retentit des grands noms de vertu & de bienveillance univerfelle pour fes femblables.

Mais examinez leurs vies; vous n'y verrez pas la moindre trace de ces beaux fentimens. Ils ne brillent en eux, que comme ces lumieres qui jettent un éclat d'autant plus vif, qu'elles font plusprès de leur déclin, & que leur influence eft plus foible; & il eft vifible que la charité, & même l'honnêteté extérieure des mœurs ont perdu dans leur cœur, dès que la Religion y a été éteinte, leur plus ferme & plus solide soutien.

Une longue suite de prospérités nous a plongés dans une fatale indolence, dans une prodigieuse insensibilité à toute pensée de Religion. De signalés, jugemens de Dieu, d'éclatans témoignages de sa colere, ne sont-ils pas à craindre? Ils ne servent pas peu au reste à réveiller dans nos cœurs les sentimens de Religion, & à nous faire discerner & estimer dignement *les choses qui peuvent nous rendre la paix, car elles sont cachées à nos yeux.* De même que quand l'air est rempli de vapeurs pernicieuses & péstilentielles, de violens ouragans, des orages & des tonnerres sont propres pour les dissiper, pour nettoyer l'air & lui rendre sa premiere sérénité.

FIN

APPROBATION.

J'AI lû par ordre de Monseigneur le Chancelier, un Livre qui a pour titre : *La Religion Chrétienne, démontrée par la Conversion & l'Apostolat de Saint Paul, avec deux Discours sur l'Excellence des Saintes Ecritures,* par M. Seed : cet Ouvrage m'a paru avoir ce qui est nécessaire pour faire du fruit, c'est-à-dire pour instruire & persuader. En Sorbonne, le premie Août 1753.

DE MARSILLY.

PRIVILEGE DU ROI.

LOUIS, par la grace de Dieu, &c. Salut, notre Amé NICOLAS TILLIARD, Libraire à Paris, nous a fait exposer qu'il désireroit faire imprimer & donner au Public, des Ouvrages qui ont pour titre : *Mélanges Historiques & Philologiques. La Religion Chrétienne, démontrée par la Conversion & l'Apostolat de Saint Paul, Traduit de l'Anglois de Mylord Lyttelton,* s'il nous plaisoit lui ac-

corder nos Lettres de Privilege pour ce néceffaires;
à ces caufes, voulant favorablement traiter l'Expofant, Nous lui avons permis & permettons par
ces préfentes, de faire imprimer lefdits Ouvrages
autant de fois que bon lui femblera, & de les vendre, faire vendre & débiter par tout notre Royaume, pendant le tems de fix années confécutives, à
compter du jour de la date des préfentes; Fai-
fons défenfes à tous Imprimeurs, Libraires & autres
Perfonnes, de quelque qualité & condition qu'elles
foient, d'en introduire d'impreffion étrangere dans
aucun Lieu de notre obéiffance; comme auffi d'imprimer ou faire imprimer, vendre, faire vendre,
débiter ni contrefaire lefdits Ouvrages, ni d'en
faire au uns Extraits fous quelque prétexte que ce
puiffe être, fans la permiffion expreffe & par écrit
dudit Expofant, ou de ceux qui auront droit de
lui, à peine de confifcation des Exemplaires con-
trefaits, de trois mille livres d'amende contre chacun des Contrevenans, dont un tiers à Nous, un
tiers à l'Hôtel-Dieu de Paris, & l'autre tiers au-
dit Expofant, ou à celui qui aura droit de lui, &
de tous dépens, dommages & intérêts; à la charge
que ces préfentes feront enregiftrées tout au long
fur le Regiftre de la Communauté des Imprimeurs &
Libraires de Paris, dans trois mois de la date d'i-
celles; que l'impreffion defdits Ouvrages fera faite
dans notre Royaume, & non ailleurs, en bon pa-
pier & beaux caracteres, conformément à la feuille
imprimée attachée pour modele fous le Contre-fcel
des préfentes; que l'Impétrant fe conformera en
tout aux Réglements de la Librairie, & notam-
ment à celui du 10 Avril 1725; qu'avant de les expofer en vente, les manufcrits qui auront fervi de
copie à l'impreffion defdits Ouvrages, feront remis
dans le même état où l'Approbation y aura été donnée ès mains de notre très-cher & féal Chevalier
Chancelier de France, le fieur de Lamoignon, &
qu'il en fera enfuite remis deux Exemplaires de
chacun dans notre Bibliothéque publique; un dans
celle de notre Château du Louvre, un dans celle

de notredit très-cher & féal Chevalier Chancelier
de France le Sieur de Lamoignon, & un dans celle de
notre très-cher & féal Chevalier Garde des Sceaux
de France, le Sieur de Machault, Commandeur de
nos Ordres ; le tout à peine de nullité des préfentes : du contenu defquelles vous mandons & enjoi-
gnons de faire jouir ledit Expofant & fes ayans
caufe, pleinement & paifiblement, fans fouffrir qu'il
leur foit fait aucun trouble ou empêchement : Vou-
lons que la copie des préfentes, qui fera imprimée
tout au long au commencement ou à la fin defdits
Ouvrages, foit tenue pour duément fignifiée, &
qu'aux copies collationnées par l'un de nos Amés
& Féaux Comfeiller Sécretaire, foi foit ajoutée
comme à l'original, Commandons au premier notre Huiffier ou Sergent fur ce requis, de faire pour
l'exécution d'icelles tous actes requis & néceffaires,
fans demander autre permiffion, & nonobftant cla-
meur de Haro, Chartre Normande & Lettres à ce
contraires : Car tel eft notre plaifir. Donné à Paris,
le vingt-feptiéme jour du mois d'Août, l'an
de grace mil fept cens cinquante-trois, & de notre Regne le trente-huitiéme. Par le Roi en fon
Confeil.

Signé SAINSON.

*Regiftré fur le Regiftre treize de la Chambre Royale
des Libraires & Imprimeurs de Paris, N. 243. fol.
195. conformément aux anciens Réglemens, confirmés
par celui du 28 Février 1723. A Paris le 23 Septembre
1753.*

DIDOT, *Syndic.*